グロービスMBAキーワード

|図解|

基本
ビジネス
分析ツール50

グロービス＝著
嶋田 毅＝執筆

ダイヤモンド社

はじめに

本書は、ダイヤモンド社より発売され好評を博した『グロービス MBA キーワード　図解 基本フレームワーク 50』『グロービス MBA キーワード　図解 ビジネスの基礎知識 50』の姉妹編であり、このミニシリーズの第 3 弾にあたる 1 冊です。

経営大学院（ビジネススクール）で教えられている、あるいはビジネスシーンで多く用いられているさまざまな分析ツールの中から、重要かつ実務上も役に立つものを 50 個ピックアップして解説しました。

なお、『グロービス MBA キーワード　図解 基本フレームワーク 50』で紹介したフレームワークについては、一部本文で再度触れているものもありますが、項目としての重複は避けるようにしています。とは言え、分析ツールを紹介する書籍として落とすわけにもいかない重要なフレームワークについては、特に必須のものを巻末の補遺で簡単に再度解説しましたので参考にしてください。

より詳しくそれらのフレームワークを勉強されたい方は、『グロービス MBA キーワード　図解 基本フレームワーク 50』を読んでいただければと思います。相乗的に学びも大きくなるはずです。

さて、さまざまな企画を立案したりする際に、「分析」が非常に重要な意味を持つことは言うまでもありません。分析をしっかり行ったからこそ、本質的な解決策にたどり着けた、あるいは、同僚を説得できたという経験をお持ちの方も多いでしょう。

もちろん、あるビジネスアイデアや施策が閃きのように湧いてくるというケースもなくはないですが、それでも、そのアイデアや施策に関して社内で合意をとろうとするのであれば、そのための根拠が必要となります。それらの根拠は、やはり何かしらの分析に基づ

いていることが多いでしょう。

「何となく閃いたから」ということで物事を進めていては、たまたま偶然にそれが当たることもあるかもしれませんが、再現性は小さくなります。結局、永きにわたって事業を成長させることはできないでしょう。

　分析のないところに、問題解決もなければビジネスの拡大、新事業の推進もない——そう考えていただいても、それほど間違ってはいません。それほど分析という行為は、重要な意思決定の基盤となるのです。

　一方で、注意すべき点もあります。よくあるのは、「分解や整理」と「分析」を同一視してしまうことです。もちろん、分解や整理が分析の第一歩になることは間違いではありません。しかし、単に物事を切り分けたり整理したりするだけで物事が前に進むわけではありません。必ず「So What?（だから何が言えるのか）」まで考える必要性があることは最初に指摘しておきたいと思います。

　また、分析は、めったやたらに行えばいいというものではなく、「使いどころ」というものがある点も理解したいものです。ゴルフのバンカーで、野球のバットを振り回しても結果は出ません。やはりサンドウェッジが必要です。そうした「使いどころ」も意識してください。

　何でもかんでも分析したくなる「分析麻痺」も避けたいものです。これは、分析ツールを覚えたての人間がよく陥る罠です。これを避けるためには、そもそも何のために分析を行うのかという分析の原点に何度も立ち返ることが必要です。

それに加え、まずは検証すべき仮説を立てるという「仮説思考」も有効となります。「……という仮説が成り立ちそうだけど、どうすればそれを検証できるのか」と考えるだけでも、分析が効率化され、ムダ撃ちの分析は減らせるものです。ぜひ仮説から考える癖も意識してください。

最後に、分析は、本を読めば自動的にできるようになるものではないということも理解しておく必要があります。分析は、数学の二次方程式の解法のように、誰がやっても同じやり方になるという類のものではありません。

たとえば、最初の項目（14ページ）で紹介するイシューアナリシスは、問題（イシュー）をどんどん枝分けしているところからスタートしますが、その枝分けの方法は一通りではなく、さまざまなパターンが考えられます。そして、その枝分けのやり方によって、問題解決の効率は大きく変わってきます。

どのように枝分けをしていけばいいかという公式はありません。ビジネスをしっかり理解することに加え、経験に基づくセンスや、先述した仮説構築能力も必要になってきます。

これは多くの分析ツールに共通する点です。中には、財務会計の指標分析のように、誰が計算しても同じ数字が出てくるような分析手法もありますが、それはむしろ少数です。つまり、分析とは、誰がやっても同じ結果が出てくるルーチンではなく、想像力やセンスが反映される、極めてクリエイティブな営みなのです。

だからこそ、分析力はそう簡単には真似できないビジネススキルたりうるともいえます。私自身、かつてコンサルティング業界にいたことがありましたが、先輩諸氏のセンスの良い分析を見ては、「これができるようになるのはまだ先だなあ」などと感じたことが

しょっちゅうありました。

　経験、ビジネス知識、クリエイティビティ——そうしたものと相乗効果を発揮しあってこそ、分析力はより一層光ってくるのです。

　とは言え、何事にも第一歩というものがあります。いきなり優秀なコンサルタントクラスの分析はできないまでも、まずは基本となるビジネスの分析ツールを知っておかないことには、何もスタートしません。1のことを10にするのは大変ですが、まずは0を1にすることも極めて重要です。

　本書は、0を2か3にできれば、という思いで書きました。ぜひ各所にちりばめられたヒントなども参考にしてください。

　本書で紹介する分析ツールは、実際に多くのビジネス現場で用いられているとともに、長年の実証にも耐え、その有効性が認められたものです。ぜひこうした知恵をしっかり吸収してほしいと思います。

本書の構成

　本書の構成ですが、過去の2冊同様、なるべく関連性が強いものを近くに配するという体裁をとりました。

　具体的な章立ては以下のようになります。MBAの科目体系を意識し、極力それに近づけています。

1章　クリティカル・シンキング編
2章　定量分析編
3章　経営戦略編
4章　マーケティング編
5章　オペレーション編

6章　会計・ファイナンス編
7章　組織マネジメント・リーダーシップ編
8章　ゲーム理論・ネゴシエーション編
補遺　分析のためのフレームワーク12選

　各分析ツールの説明は見開き4ページとし、必ず図表を2つ（見開き2ページに1つずつ）つけました。各分析ツールの1つ目の図表は分析ツールそのものの紹介、2つ目の図表は具体的な分析例を紹介しています。

　また、それぞれの分析ツール紹介の冒頭に、簡単な定義を載せた上で、「習得必須度」「有効性」「応用性」「理解容易度」「実践容易度」のレーティング（5点満点）を図示しました。それぞれの意味合いは以下です。

習得必須度：ビジネスリーダーなら知っておくべき度合い。一部の
　　人間だけが知っていればいいというものではないという意味合い
　　を含みます

有効性：その分析ツールが実務でどのくらい役に立つか

応用性：ある特定の場面だけではなく、いろいろな場面に使える度
　　合い

理解容易度：分析ツールそのものの理解のしやすさ。一般のビジネ
　　スパーソンがすぐに分かるか、あるいは、他人にうまく説明でき
　　るか、といった意味合いです

実践容易度：ビジネスシーンにおいてその分析ツールを適切に使い
　　こなすことがどのくらい容易かということです

　レーティングは私のビジネス経験や、長年クラスで教えてきた実感値から行っています。あくまで筆者の主観ではありますが、1つの参考にしてください。

各分析ツールの本文は、基本を知るということで、まずは「活用すべき場面」や「考え方」を紹介しています。その上で、事例を紹介することで理解を深めていただき、最後に注意点やコツを紹介するという構成になっています。

　先述したように、ビジネスの意思決定は、重要なものになればなるほど「良い分析」の比重が大きくなっていきます。実際に良い戦略や新事業などは、トップのリーダーシップや閃きもさることながら、やはりしっかりした分析やそこからの洞察に裏付けられていることが少なくありません。

　私自身、長いビジネス経験の中で、分析というものの持つパワーをいやというほど見てきました。その一端を皆さんにご紹介できる機会を得られたことは非常な喜びです。

　最後になりますが、本書を執筆する機会を与えていただくとともに有益なアドバイスをいただいたダイヤモンド社第一編集部の山下覚さん、真田友美さん、木山政行副編集長に感謝申し上げます。また、有益なアドバイスをいただいた同僚諸氏に感謝したいと思います。

グロービス出版局長　嶋田 毅

目 次

はじめに　　　1

1章　クリティカル・シンキング編 11

1章で学ぶこと 12

No.1　イシューアナリシス 14

No.2　因果関係分析 18

No.3　Pros/Cons 分析 22

No.4　重要度／緊急度マトリクス 26

2章　定量分析編 31

2章で学ぶこと 32

No.5　クロス集計分析 34

No.6　度数分析 38

No.7　時系列分析 42

No.8　プロセス×ウォーターフォール分析 46

No.9　回帰分析 50

No.10　感度分析 54

No.11　ディシジョンツリー 58

3章 経営戦略編 63

3章で学ぶこと 64

No.12 経営環境分析 66

No.13 KBF分析 70

No.14 KSF分析 74

No.15 彼我分析 78

No.16 リソース分析 82

No.17 魅力度／優位性構築可能性マトリクス 86

No.18 事業ポートフォリオ分析 90

No.19 シナリオ・プランニング 94

No.20 プラットフォーム構造分析 98

4章 マーケティング編 103

4章で学ぶこと 104

No.21 認知率分析 106

No.22 因子分析 110

No.23 クラスター分析 114

No.24 ポジショニング／パーセプション分析 118

No.25 RFM分析 122

No.26 顧客ロイヤルティ分析 126

No.27 CE/CS分析 130

No.28 アトリビューション分析 134

No.29 ファネル分析 138

No.30 顧客インサイト分析 142

5章 オペレーション編 147

| 5章で学ぶこと .... 148 |
| *No.31* 3M分析 .... 150 |
| *No.32* ボトルネック分析 .... 154 |
| *No.33* スループット分析 .... 158 |

6章 会計・ファイナンス編 163

5章で学ぶこと 164
No.34 収益性分析 166
No.35 効率性分析 170
No.36 安全性分析 174
No.37 成長性分析 178
No.38 差異分析 182
No.39 リスク分析 186
No.40 企業価値評価 190

7章 組織マネジメント・リーダーシップ編 195

7章で学ぶこと 196
No.41 リーダーシップ・パイプライン 198
No.42 フォロワー分析 202
No.43 Skill-Will マトリクス 206
No.44 フォースフィールド分析 210
No.45 ジョハリの窓 214

8章 ゲーム理論・ネゴシエーション編 ……… 219

8章で学ぶこと ……………………………………… 220
No.46 ゲームのテーブル分析（同時進行ゲーム） … 222
No.47 ゲームの木分析（交互進行ゲーム） ………… 226
No.48 説得の3層構造 …………………………… 230
No.49 5つの核心的欲求 ………………………… 234
No.50 ステークホルダー・マッピング ………… 238

補遺　分析のためのフレームワーク12選 ……… 243

No.1 PEST分析 …………………………………… 244
No.2 5つの力分析 ………………………………… 245
No.3 アドバンテージ・マトリクス ……………… 246
No.4 3C分析 ……………………………………… 247
No.5 SWOT分析 ………………………………… 248
No.6 バリューチェーン分析 ……………………… 249
No.7 ビジネスモデル ……………………………… 250
No.8 プロダクト・ポートフォリオ・マネジメント … 251
No.9 マーケティング・ミックス ………………… 252
No.10 AIDA ………………………………………… 253
No.11 7S ……………………………………………… 254
No.12 BATNAとZOPA …………………………… 255

おわりに　　257

1章

クリティカル・シンキング編

1 章で学ぶこと

　本章では、クリティカル・シンキング、すなわち、論理思考や問題解決における重要な分析ツールを紹介していきます。筆者もかつてコンサルティング会社に勤めていたことがあり、当時、こうしたツールを用いたことがありますが、その有効性はどれも素晴らしいものがあります。

　最初の**イシューアナリシス**は、イシュー（問題）を MECE（モレなくダブりなく）で切り分けた後、それぞれのサブイシューに関する仮説についてさらに詳細な分析を行うというものです。

　問題解決を生業とするコンサルティング会社、特にマッキンゼー社やその出身者が特によく活用するツールであり、現実にも非常に有効な分析ツールです。コツをつかむのが難しく、またセンスも必要な分析ツールですが、使いこなせるようになった時の効果は抜群です。

　因果関係分析も問題解決にも用いられますが、その応用範囲は広く、ビジネスのみならず、社会全般へと広げることもできる、極めて応用性の高いツールです。事実、国家単位でこうした分析を行い、外交などに役立てることもあります。複雑性がますます増す昨今、非常に重要な考え方と言えるでしょう。

　Pros/Cons 分析は、1 章の分析ツールの中でも最も理解しやすく、最も一般的に用いられているものとも言えます。とは言え、これを効果的に行おうとすると、意外に難しいものです。

ぜひそのコツや留意点を意識していただきたいと思います。

　最後の**重要度／緊急度マトリクス**も、理解が容易であり、その気になればすぐに使える分析ツールです。その割に実際に用いられていることが少ないツールです。まずは身の回りから使ってみると、その効果がお分かりいただけるでしょう。

　本章で紹介するフレームワークは、数こそ少ないですが、どれも有効性の高いものばかりです。まずはこの章の内容をしっかり理解してください。

1 イシューアナリシス

あるイシュー(問題)をロジックツリーの手法を用いてブレークダウンし、問題解決につなげる分析手法。コンサルティング・ファームであるマッキンゼーが開発・進化させた。

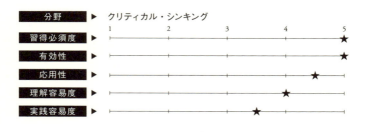

基礎を学ぶ

活用すべき場面
- (基本的にあらゆる問題解決に応用可能ではあるが) ある程度の分析を要する問題解決の場面で活用する
- 問題解決において、その考えた道筋を組織の中で共有するために活用する

考え方
　企業において生じる問題は、単純に1つの理由に起因することは稀で、通常は多数の理由から生じています。また、その問題を解決しやすいセグメント(例:部署や要素など)もあれば、解決しにくいセグメントもあります。問題解決の具体的な方法論もさまざまです。

　こうした中で闇雲に問題を解決しようとしてもなかなかうまくいきません。まずはどこで大きな問題が生じており(Where)、その主原因は何で(Why)、どうすればそれを解決できるか(How)を構造的に考えていくと問題解決の効率が上がります。そこで用いられる

イシューアナリシス No.1

図表1-1　イシューアナリシスのイメージ

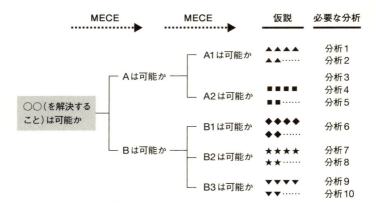

のが図表1-1に示したイシューアナリシスです。

いくつか関連用語について説明します。まず「イシュー」についてはさまざまな定義がありますが、ここでは解決すべき問題（理想と現実のギャップ）とします。イシューアナリシスでは、図表1-1に示したように、「〇〇（を解決すること）は可能か」といった表現をとることが多いようです。たとえば「わが社の高い顧客離脱率を10%以下にまで下げることは可能か」といった具合です。

言うまでもありませんが、問題解決を効果的に行う上でも、イシューを適切に設定することは非常に重要です。人によっては、このイシューの設定こそが、イシューアナリシスの最も重要なプロセスであると指摘しています。

次に図表1-1中のMECE（ミーシーと読みます）ですが、これは「モレなく、ダブりなく」を意味します。たとえば人間を「既婚者、子どものいない人」と分けるのは、モレもダブりもあるので、問題解決のためのブレークダウンとしてはあまり良くありません。

MECEを意識してある要素をどんどんブレークダウンする手法

をロジックツリーと言いますが、イシューをロジックツリーの手法でブレークダウンする方法がイシューツリーです。**図表 1-1** 左側のツリー状の部分がそれに該当します。ブレークダウンされたイシューをサブイシューと呼びます。

イシューアナリシスでは、なるべく効果的な切り口を見出しイシューツリーでイシューを分解した上で（次ページのコツ、留意点参照）、分解された先のサブイシューについては仮説を立て、本当にそれが可能あるいは効果的なのかを、さまざまな分析を通じて検証していきます。

なお、本来は極力精密にイシューアナリシスを行い、問題解決を進めるのが望ましいのですが、一般にはそこまでの手間暇をかけることが難しいため、どこかを単純化した簡易版が用いられることが多くなっています。

事例で確認

ここでは簡易版を見てみましょう。ある BtoB のメーカーにおいて、「商品 A の販売量を増やすことは可能か」というシンプルな問題に対してその対策を考えます。

イシューツリーの部分を MECE にブレークダウンして検討した結果、**図表 1-2** の結果が得られたとします。

想定した個々の仮説が実際に検証されるか否かはこれからの個別の分析次第ですが、仮にこれらの仮説が裏付けられれば、とるべき大きな方向性としては、知名度を上げることと営業力を増すこととなりそうです。

より具体的には、セミナーや PR 活動、営業担当者といった部分にもっと経営資源をつぎ込むことで市場での認知度を上げるとともに顧客カバレッジを高め、さらに競合とコンペになった場合でもしっかり商談をまとめていくように注力するのが有効と言えそうです。

イシューアナリシス No.1

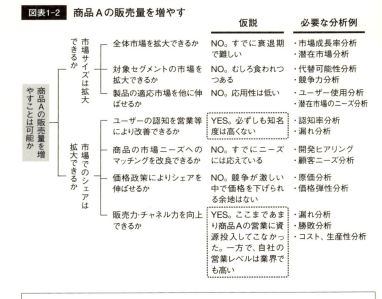

図表1-2　商品Aの販売量を増やす

コツ・留意点

1 イシューアナリシスの最初の難関は、感度の良い切り口でイシューツリーの分析を行うことです。たとえば「在庫を削減できるか」というイシューと、実際に仕掛在庫が急増していたという事実があったとします。もし「部品・原料在庫」「仕掛在庫」「製品在庫」という切り口を知っている人間であれば、多少分析を進めればすぐに仕掛在庫が増えていることに気がつきますから、なぜ「仕掛在庫が増えているのか」ということにフォーカスし、考えを深めていくことができます。しかし、もし上記の在庫の切り口を知らない人間だと、在庫が増えている原因は不明ですから、効果的な打ち手もなかなか出てきません。実際にはどこに問題があるかはケースバイケースで変わってきますが、「武器」は多いに越したことがありません。ビジネスリーダーであれば常識とも言える「切り口」についてはしっかり学習しておくことが必要です。

2 イシューツリーに沿って仮説を立てることも重要です。ビジネスのスピードを上げるためには最初から適切な仮説を立てることが鍵となります。そのためにも現場感覚やビジネスのセオリーをしっかり理解しておくことが必要です。

2 因果関係分析

ある結果に対してそれがどのような原因で生じたかを類推する分析。問題解決のシーンで多用される。

基礎を学ぶ

活用すべき場面
- 問題の原因となった事象を見極め、問題解決に活かす
- 因果の構造を他のビジネスシーンにも応用する（好循環の構造など）
- 自分の行為がどのような意図せぬ結果をもたらしうるか、予め想定しておく

考え方

　因果関係とは、原因と結果の関係のことです。「子どもを叱ったらふてくされた」「ビールの飲みすぎで尿酸値が上がり、その結果、痛風になった」というのが典型的な因果関係です。

　上記の例で言えば、痛風の原因となるビール（厳密に言えばビールに含まれるプリン体）の摂取を控えれば、原因が取り除かれることになるので、「痛風」という問題は軽減されます。こうした事例からも分かるように、因果関係を正しく見極めることは、問題解決

因果関係分析 No.2

図表2-1　因果関係

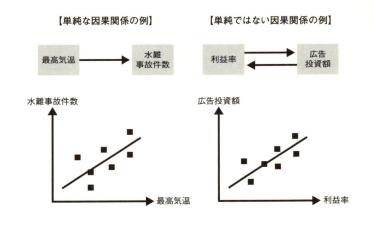

にもつながりますし、ビジネス上、得たい結果をもたらす打ち手を検討する際にも有効です。

ただ、難しいのは、図表2-1左のような単純な因果関係はビジネスシーンでは少なく、さまざまな因果が入り組んでいる「単純ではない因果関係」の方が多いということでしょう。

たとえば、図表2-1右のような比較的シンプルな例でも、「利益率がいい→広告投資をする余裕があるから広告を打つ」という因果もありそうですし、「広告投資を行う→業績が良くなり、結果として利益率が上がる」という因果もありそうです。おそらく両方が互いに影響を与えあう「鶏と卵」の関係が成り立っているとみていいでしょう。

相関分析をとってみると両方とも似たようなグラフになるわけですが、その発生メカニズムは左右で大きく異なるのです。

なお、図表2-1のグラフのような相関関係が見られたとしても、

因果関係はないことがある点にも注意が必要です。たとえば夏に週別に見た「アイスクリームの消費量」と「水難事故件数」には少なからぬ相関がありますが、「アイスクリームを食べたから水難事故にあった」というわけではもちろんありません。「第三因子」としての平均気温が上がったことが両方の数字を引きあげることによって起こる「見かけだけの因果関係」なのです。これを疑似相関と言います。疑似相関と真の因果関係を正しく見分けることが重要です。

　社会学者であれば、実際に社会実験を行ったり、過去の事例に関してさまざまなサーベイを行うことで、ある出来事に関する因果構造がどのようになっているか、それなりに精度の高い推測を行うことも可能です。

　しかし一般のビジネスパーソンの場合、そこまで大がかりな実験やサーベイを行うことはできません。想像力と常識、あるいは一般的なビジネス法則を組み合わせることで、学術的には多少問題があろうが、一般の人々に対して説得力のある因果構造を描くことが重要ですし、実務的にも効果的です。

事例で確認

　図表2-2はある成長企業のトラブルの様子を、実際に観察された事柄を起点とし、因果関係を構造化してとらえたものです。この段階ではまだ仮説的な因果関係分析ではありますが、納得性という意味では高いものがありそうです。

　もしこの因果関係構造がある程度正しいとすれば、自ずと問題解決の方法論も見えてきます。たとえばリーダーがしっかりコミュニケーションをし、経営理念や戦略に関して説明するだけでも、無駄な会議や行き当たりばったりの仕事は減るでしょう。そして、可能であれば2、3人、優秀なマネジャーを採用し、業務を効率化すれば、この企業の収益性は劇的に改善する可能性が高いのです。

因果関係分析 No.2

図表2-2 因果関係図を描く

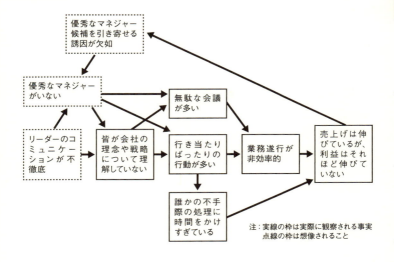

注：実線の枠は実際に観察される事実
　　点線の枠は想像されること

コツ・留意点

1. 因果関係分析のポイントとして、①「まずは粗い構造を作り、その後に細かい部分をつなぐ」②「最後に重要なところを抜き出す」といったプロセスがあります。①が重要なのは、最初からあまり細かい点に着目しすぎると、混乱して構造図も描けませんし、本質的な部分も見えなくなってしまうからです。芸術作品や企画同様、まずはラフなデッサンを描き、細部はその後に詰めていけば十分なのです。ただし、複雑なものをそのまま提示しても、多くの人はどこが本質的なポイントなのかは分かりません。そこで②のプロセスを通じ、枝葉末節は切り落として、重要な因果構造のみを提示するのです。

2. 因果関係分析は、実際に問題解決を行う上で効果的な分析手法ですが、効用はそれに止まりません。見えない部分を推測したり、時空を超える難しい因果関係をシステム思考（独立した事象に目を奪われずに、各要素間の相互依存性、相互関連性に着目し、全体像とその動きをとらえる思考方法）を用いて考える訓練にもなります。徹底的に考えるようになる、あるいは人に説明できるようにシンプルにするといった営みそのものに大きな価値があるのです。

3 Pros/Cons 分析

あるテーマや議題に対して、好ましい点と好ましくない点を洗い出して比較し、意思決定に活かす分析手法。「プロコン分析」と呼ぶ。

基礎を学ぶ

活用すべき場面

- 代替案などを比較・検討することで、より企業にとって好ましい意思決定をできるようにする
- 物事を複数の人間の目で多面的に見る習慣をつける
- 勢いで物事を決めてしまわないための緩衝材とする

考え方

Pros/Cons 分析は、何かを意思決定しようとしている際に使うツールとして最もシンプルかつ一定の効果を発揮する分析手法です。

Pros は好ましい点や良い点を意味し、Cons は逆に好ましくない点や悪い点を意味します。メリット／デメリット分析などと呼ぶ方もいますが、内容はほぼ同等のものと考えて差し支えありません。

よく「コインの表側だけを手に入れることはできない」などと言われることがありますが、何事にも良い面もあれば悪い面もありま

Pros/Cons 分析 No.3

図表3-1　Pros/Cons 分析

す。Pros/Cons 分析は、物事のそうした両面を客観的にリストアップし、比較した上で意思決定をしようというものです。

　Pros/Cons 分析を行うことのメリットとしては以下のような点が挙げられます。

● 人間は、直感的に何かを決めてしまうことや、物事の一面だけを見て何かを決めてしまうことが多い。Pros/Cons を冷静に見ることで、そうした拙速（しばしば悪い結果をもたらす）を避けることができる

● 1 人の人間が物事を見ていても限界がある。組織として Pros/Cons 分析を行うことで、意思決定の精度が上がるとともに、他の人間の考え方が分かる結果、組織としての思考の癖を把握することができる

● Pros/Cons は立場や前提で変わってくる。それを議論することで、戦略や経営理念の浸透度などを測定することができる

事例で確認

　ここでは、ある部門の事業部長を内部の異動や昇進で賄うか、それともヘッドハンティングで調達するかという施策に関するPros/Cons分析について見てみます。

　厳密にはこの2つ以外の方法論もあるわけですが、ここではいったん捨象して考えます。とはいえ、実際に重要な意思決定を行う際には、現実的な施策に関しては一通りリストアップしてPros/Cons分析を行うことが望ましいと言えます（ただし、多数の選択肢の比較にはPros/Cons分析は必ずしも向いていません。この点に関しては、「コツ・留意点」で触れます）。

　さて、**図表3-2**からも分かるように、今回のような対照的な手段・選択肢に関してPros/Cons分析を行うと、往々にして片方のProsがもう一方のConsの裏返しとなります。

　ただし、もし選択肢が、「Aさん、Bさん、Cさん」のように対照的でない場合は、これは必ずしも当てはまりません。あくまで、対照的な手段・選択肢の場合の傾向とご理解ください。

　さて、分析結果は**図表3-2**のようになったわけですが、ではどちらを選べばいいのでしょうか？　結論から言えば、この会社が何を重視するか次第です。

　たとえば、組織文化を絶対に壊したくないので、それを理解している人材が必須ということであれば、内部調達の方が優位になるでしょう。逆に、とにかくパフォーマンスを出してほしいということであれば、多少のリスクはあっても、外部から適切な人材を連れてくる方が有効かもしれません。

　分析ツールは有効ではありますが、結論までを自動的に導くものではありません。自社の置かれた経営環境や、大事にしたいポイントをしっかり意識しながら意思決定を行うことが必要です。

Pros/Cons 分析　No.3

図表3-2　人材調達の方法に関する分析例

	Pros	Cons
内部調達	・採用コストがかからない ・人材育成のチャンスとなる ・社内のモチベーション上はプラス ・時間があまりかからない ・人材の評価もしやすい ・組織文化も維持しやすい	・効果が限定的 ・新しいスキル獲得につながらない ・会社の強い意志などは伝わらない
外部調達 （ヘッドハンティング）	・うまくはまれば非常に大きな戦力となる ・いままでにないノウハウ等が手に入る ・会社の強い意志を見せる機会とできる	・採用コストが大きい ・人材育成のチャンスは小 ・社内のモチベーションにはつながらない? ・時間がかかる ・人材の評価が難しい ・組織文化に悪影響の可能性あり

コツ・留意点

1 本文中にも書きましたが、比較すべき選択肢の数が増えると（たとえば7つ以上）、それぞれについて Pros/Cons を書きだし比較するという方法は、視覚的にも見やすくありませんし、最終結論を導き出すのも難しくなってしまいます。そのような時には、評価軸を抜き出し、それぞれに重みづけをしながら点数を数値化し、比較する手法をとることもあります。たとえば図表3-2の例で言えば、「人材育成」「採用コスト」などを評価軸として抜き出し、それぞれに関してたとえば3点満点で点数をつけ、評価軸の重みに応じて加重平均をするのです。ただし、この方法も四角四面に物事を決めることになりかねないため、ベストの方法とは言えません。そこで、沢山ある選択肢の中からの最終候補のスクリーニングにはこの方法を用い、数少ない最終候補の比較には Pros/Cons 分析を用いるなど、使い分けることもあるのです。

2 Pros/Cons 分析を集団で行う際には、皆が気兼ねなく発言できるようにすることが重要です。1人の声の大きな人間しか発言しないようでは、グループで考える意味がないという点は認識しておきましょう。

4 重要度／緊急度マトリクス

なすべき仕事を重要度と緊急度のマトリクスにプロットし、手をつける優先順位を考える分析手法。

基礎を学ぶ

活用すべき場面

- なすべきことが多数ある場合に、その優先順位を明確にする
- 経営資源の最適な配分のヒントとする
- 本来やるべき仕事で未着手のものがないかを確認する
- 自分や部下の仕事への取り組み方(優先順位の付け方や時間配分など)が適切かを確認し、必要があればそれを見直す

考え方

　言うまでもなく、仕事の重みは同じではありません。早く着手すべきもの、じっくりと時間をとって考えるべきものなど、多数のものがあります。そのメリハリを教えてくれるのが重要度／緊急度マトリクスです。特に時間配分を検討するためにこれを用いる場合は、「時間配分マトリクス」と呼ぶこともあります。

　マトリクスのそれぞれのセルの意味は以下のようになります。

重要度／緊急度マトリクス No.4

図表4-1 重要度／緊急度マトリクス

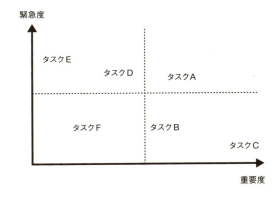

重要度高×緊急度高：最も優先的に取り組むべきタスク。企業の危機対応や、重要顧客へのクレーム対応、重要なM&Aの機会への対応など。これに取り組まないと企業の利益を損ねる可能性が高い。当然、放置されることは通常許されない

重要度高×緊急度低：時間がとれる時などにじっくりと検討しておくべきタスク。企業の長期ビジョン策定や、シナリオ・プランニング（94ページ参照）、長期的な能力開発など。ただし、多くの企業ではすぐに利益につながるわけではないため、検討もされずに放置されていることも多い

緊急度高×重要度低：放置していいわけではないが、本来それほど力を入れる必要がないタスク。経費の精算や重要ではないトラブルシューティングなど

緊急度低×重要度低：業務上あまり重要ではないタスク。放置しておいてもそれほど問題はない。形式を満たすためだけの会議など

一般的には、「重要度高×緊急度高」に時間やエネルギーを費やすべきであり、「緊急度低×重要度低」はその逆となります。これは誰しもにとって明快でしょう。

　難しいのは、「重要度高×緊急度低」と「重要度低×緊急度高」のバランスです。さまざまな研究によれば、「重要度高×緊急度低」に時間を投下し、将来に備える方が、長い目で見たときに良い結果を残すとされています。

事例で確認

　実際に、ある管理職の時間配分を示したのが**図表 4-2**です。彼／彼女の何が問題でしょうか？

　間違いなく言えそうなのは、時間配分が圧倒的に緊急度の高い仕事に偏っていると同時に、重要な仕事に使っている時間が少ないということです。つまり、本来それほど時間を使う必要がない仕事ばかりをしているということです。可能性としては、マネジャーとしての資質がまだ備わっておらず、来た仕事をこなすことで精いっぱいという状況が考えられます。

「重要度高×緊急度低」に時間を投下していないことも気になります。このセルの仕事は、ある意味、将来に対する投資です。確かに急に眼に見える成果にはつながらないので後回しにされがちですが、このままでは、いつまでたっても似たような仕事に忙殺されてしまいかねないのです。

　実際、多くのマネジャーは、見た目の緊急度に惑わされ、過剰に「重要度低×緊急度高」の仕事に時間を使っているという研究結果もあります。**図表 4-2**の管理職は、まさにこの罠に落ちていると言えるでしょう。

重要度／緊急度マトリクス No.4

図表4-2 ある管理職に関する分析例

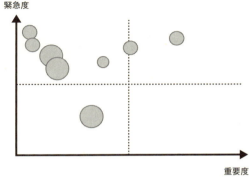

注：円の大きさは投下した時間やエネルギーを示す

コツ・留意点

1 「重要度高×緊急度高」は企業の利益に直結するため、最優先で取り組まなくてはならないということは当然のように思えます。しかし、もし企業の経営陣が、このセルの仕事ばかりをしているとしたらそれはそれで考えものです。第一に、将来のビジョンや戦略に関する検討がなおざりになっている可能性があります。本文中にも書いたように、「重要度高×緊急度低」はある意味将来への投資ですから、ここにも一定の時間を投下しておくことが望ましいと言えます。もう1つは、往々にして、「重要度高×緊急度高」はトラブルシューティングが多いということです。そもそもトラブルが起こる体制にも問題があります。特に、事前に準備していれば防げたはずのトラブルに時間を費やさざるを得ないとしたら、それはやはり問題です。やはり「重要度高×緊急度低」にも一定の時間をかけ、将来のトラブルの芽は早めに摘んでおくべきなのです。

2 マネジャーの立場からすれば、部下がどのような時間配分をしているかをチェックし、適切な配分に導くことが非常に重要です。若い人間であれば、能力開発やそのためのプランニングなどにも時間を使うよう指導したいものです。

2章

定量分析編

2章で学ぶこと

　ビジネスを日々進めたり、新たに立ち上げたり計画したりする際に、お金や時間といった「数値で測れるもの」をしっかり分析しておくことの重要性は改めて言うまでもないでしょう。

　定量分析を行うことのメリットには以下のようなものがあります。

- 勘や経験ではなく、「数字」という同じ言葉で比較、評価できる
- 共通の言葉「数字」を用いることにより、コミュニケーションや認識に誤解が生まれにくくなる
- 選択肢に優先順位をつけることにより、限られた経営資源を重要な事柄に投下できる
- 意思決定の基準が明確になるため、意思決定のスピードが早くなる

　本章では、こうした特徴を持つ定量分析の基本ツールをご紹介します。

　クロス集計分析は、表計算ソフトで簡単に行える基本的な分析です。基本的ではありますが、その気になればかなり深い分析にもつなげることのできる、入口のような分析ツールです。

　度数分析と**時系列分析**は棒グラフや折れ線グラフといった、お馴染みのグラフを用いてできるシンプルな分析です。シンプルかつ分かりやすい分析ツールですが、これを適切に用いると経営にとって非常に重要な示唆が得られる、「費用対効果の高

い」分析ツールとも言えます。

　プロセス×ウォーターフォール分析は、一見ややプロ的な分析手法ですが、実はそれほど複雑なものではなく、シンプルな分析です。ビジュアル面で工夫された分析ツールと言えます。

　回帰分析は、昨今、重要度の上がっている分析手法です。「回帰分析のないデータは見ない」と言われる経営者もいらっしゃいます。特に重回帰分析は数学的素養も必要なためやや難易度が上がりますが、応用範囲は非常に広いので、ぜひマスターしておきたい分析手法です。

　感度分析と**ディシジョンツリー**は、いずれも不確実性の高い時代にその重要度が増してきた分析手法です。**感度分析**は、リスク対策を検討する上で重要ですし、**ディシジョンツリー**は確率論を意思決定に持ち込んだ、精緻な分析手法です。いずれも、不確実性を扱うがゆえの難しさや限界もありますが、今の時代、ビジネスリーダーとしてはしっかり理解しておきたいものです。

　数字やそれを用いた分析は、苦手とする人間が多い分野です。だからこそ、苦手意識を払拭して自家薬籠中のものとできれば、ライバルに差をつけられる武器となります。そんなことも意識しながら読み進めてください（数字が苦手な人は後回しにしていただいても構いませんが、必ず目は通してください）。

5 クロス集計分析

表計算ソフトにおいて、表側と表頭にそれぞれ項目を置き、交差（クロス）させて分析を行う手法。

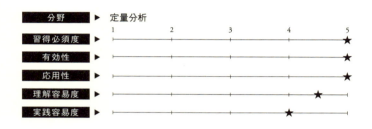

基礎を学ぶ

活用すべき場面

- （特にマーケティングなどのアンケート調査において）調査対象全体の傾向を知る
- 項目間の関係性を知ることで問題解決などの対策に活かす
- ターゲットとすべきセグメントを特定する
- 問題がある、あるいはベンチマークとすべきセグメントを特定する

考え方

クロス集計は、アンケート調査などにおいて、2つ以上の要素に注目して集計を行い、そこから意味合いを読み取るための基礎となる分析です。

ある調査によれば、企業のマネジャーが最も知っておくべき基本的な定量分析ツールとされます。

図表5-1でクロス集計の概念を確認してみましょう。

クロス集計分析 No.5

図表5-1　クロス集計の概念

【1週間に業務で英語を使う時間】

分	人
0	
1〜 30	
31〜 60	
61〜 90	
91〜120	
121〜150	
151〜180	
181〜	

【TOEICの点数】

点数	人
〜450	
451〜550	
551〜650	
651〜750	
751〜850	
851〜950	
951〜	

【左記2つの要素のクロス集計】

表側 ＼ 表頭	〜450	451〜550	551〜650	651〜750	751〜850	851〜950	951〜	合計
0								
1〜 30								
31〜 60								
61〜 90								
91〜120								
121〜150								
151〜180								
181〜								
合計								

　図表5-1の左に2つのアンケートを示しました。英語を仕事で使っている時間と、実際の英語力です（TOEIC点数が英語力を表す指標として適切かという議論はここでは割愛します）。

　たとえば会社のある部署について、この2つのアンケートを行い、個別の回答を見るだけでも、何となくその部署の傾向は掴めるでしょう。しかし、これだけでは問題やおかしな部分があるかどうか分かりません。そこで、クロス集計を行うことにより、より実態を正確に知ろうというのが**図表5-1**右側のエクセル図表です。

　図表5-1中、点枠線で囲った英語の使用時間の刻みを示した横の部分を「表側」、TOEICの点数の刻みを示した上の部分を「表頭」と呼びます。

　この事例では、左上から右下に向かう対角線上に近い位置に多くの人間が入るようならば、概ね英語の能力に合わせて英語を用いる業務にアサインされていると言えそうです。

35

図表 5-1 では 2 つの数字だけをピックアップしましたが、マーケティングにおけるアンケート調査などでは、基本的な属性（性別、年代、居住地、職業、学歴、年収など）だけで数種類の情報を集めた上で、さらに何十項目もの質問をすることが少なくありません。当然、その組み合わせ方によって、良い示唆が得られる場合もあれば、そうでない場合もあります。分析者のセンスや、分析の前提となった仮説の善し悪しが問われる場面とも言えます。

　なお、近年では専門のソフトなどを使えば、ある程度の傾向は機械の方で出してくれますが、クロス集計の意味や基礎的なやり方くらいはビジネスリーダーであれば押さえておきたいものです。ここでは詳しくは説明しませんが、エクセルではピボットテーブルと呼ばれるツールを使えば、誰でも簡単にクロス集計表を作成することができます。

事例で確認

　先の例で、実際に総勢 40 人のある部署で、1 週間当たり仕事で英語を使っている時間と、TOEIC の点数について調査しました。それをクロス集計表にまとめたのが図表 5-2 です。

　クロス集計の図表では、縦の合計と横の合計は、当然、個別の質問に対する回答数の元データと一致します。念のため確認してみてください。

　さて、実際にアンケートをとった結果、TOEIC 851〜950 点の人間で 1 人、ほとんど仕事で英語を話さない人がいますし、逆に、TOEIC 651〜750 点の人間で 1 人、週に 151〜180 分、英会話をしている人間もいることが分かりました。

　もちろん、英語のスキルだけで仕事内容が決まるわけではありませんが、この部分だけを取り出してみると若干のアンバランスさがあることが見てとれます。

クロス集計分析 No.5

図表5-2 実際にアンケートをとってみた

【1週間に業務で英語を使う時間】

分	人
0	5
1～30	10
31～60	12
61～90	5
91～120	3
121～150	2
151～180	1
181～	2

【TOEICの点数】

点数	人
～450	3
451～550	5
551～650	6
651～750	10
751～850	10
851～950	3
951～	3

【左記２つの要素のクロス集計】
（ゼロ人のセルは空欄としている）

	～450	451～550	551～650	651～750	751～850	851～950	951～	合計
0	3			1	1			5
1～30		4	5			1		10
31～60		1	1	6	4			12
61～90					4	1		5
91～120				1		1	1	3
121～150				1	1			2
151～180				1				1
181～							2	2
合計	3	5	6	10	10	3	3	40

コツ・留意点

1 クロス集計をより細かくやる方法に多重クロスがあります。これはたとえば表側に複数（通常は２つ）の属性を一気にまとめて表示するやり方です。たとえば年齢と性別をまとめて、男［～10歳］［11～20歳］…［81歳～］、女［～10歳］［11～20歳］…［81歳～］のように表示します。通常のクロス表に比べるとメッシュを細かくできるため、一見、より実態に迫れるように思われますが、サンプルが少ない場合には統計学上の問題から、かえって実態を見誤ってしまう可能性があります。また、組み合わせ方によっては、項目数が増えすぎてしまって、一見してどこがポイントなのか分かりにくくなるという問題もあります。実務的には、せいぜい単純な３重クロス分析に留めるのが実践的です。

2 本文中にも触れたように、クロス集計はちょっとしたアンケート調査でも、あっという間に極めて多数の組み合わせが生じてしまうものです。そこからビジネスにとって有用な意味合いを引き出すには、当該のビジネスや人間というものに対する深い洞察と仮説思考が必要になります。単純な分析手法ほどジャンク情報が増えるため、使いこなすのは難しいのです。

6 度数分析

標本として得られた値について、小 → 大の順に並べ、各数値が表われる個数を表示した表を見ることで集団の特性を知る分析手法。

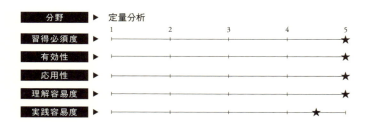

基礎を学ぶ

活用すべき場面

- 集団の特性（平均やバラつきなど）を視覚的に把握する
- 平均値を代表値として用いることが妥当かを確認する
- マーケティングでターゲットの絞り込みを行う

考え方

度数分析では、ヒストグラム（度数分布表）と呼ばれるグラフを作り、目で見てその集団の特徴を捉えます。ヒストグラムは棒グラフの一種で、横軸に分布を見たい変数をとり、縦軸に度数（データの個数）をとったものです。「バラつき」の様子などが視覚的に分かるため、単純ですが非常に重要な分析です。

実際にヒストグラムを描いてみると、**図表6-1**の左の図のような、平均値を挟んで左右対称の釣鐘型の分布が観察されることが多々あります。このような分布の仕方を正規分布と呼びます。

自然界や人間社会の事象は、十分に標本数を多くとれば、正規分

度数分析 No.6

図表6-1　度数分析

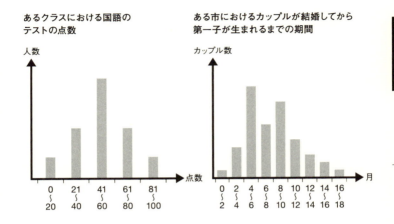

布に近づくものが多いことが知られています。典型例としては、身長や体重の分布、国語や語学の試験の点数などが挙げられます。

　正規分布については、その特性がいろいろ知られています。その中で最も重要なのは、平均値からの乖離幅によって、その出現確率を算定することができるということです。少し専門的に言えば、ある正規分布の標本集団の標準偏差をσとして、平均値を挟んで上下1σの範囲に入る確率は68.26％、上下2σの範囲なら95.44％、上下3σの範囲なら99.74％となることが知られています。この原理は、ビジネスにおいては品質管理などの分野で広く応用されています。

　一方で、全く正規分布しない例も数多く存在します。たとえば図表6-1右の図です。比較的第一子が生まれやすい18カ月（1年半）までの度数を2カ月刻みで並べたものですが、この図表の中に収まらないカップルも多数いるでしょうし、この表の中ですら、すでに最大度数と2番目の度数の山は離れており、「谷がある」状況になっ

ています。

　このように2つのピークがあるヒストグラムは珍しいことではありません。原因としては、集団の中に異なるセグメントが存在していることが挙げられます。

　図表6-1右の図で言えば、4〜6カ月の集団はいわゆる「授かり婚」によるものと推定されますし、8〜10カ月の集団は、オーソドックスなハネムーンベビーの層と考えられます。このようなケースでは、単純な平均値はあまり意味を持たず、かえって意思決定を誤らせてしまうことがあるので注意が必要です。

事例で確認

　図表6-2は、2016年6月現在で、ある企業におけるフルタイムの女性社員数を実数で示したものです。

　多くの日本企業では、女性の就労率について「M字カーブ」と呼ばれる現象が見られます。これは、子育て世代の30代の就労率が低く、子離れした40代で再び就労率が上がるという現象です。この企業も一見、同様の傾向にあるように見えます。

　しかし、このヒストグラムだけで何かを結論付けるのは危険かもしれません。毎年の新卒採用の人数も異なりますし、どのくらい中途採用や育児休暇制度を充実させているかは分からないからです。45歳から54歳までの就業人口が多いのも、採用当時バブルだった名残かもしれません。より多面的な分析が求められるでしょう。

　とは言え、40歳前後くらいの脂の乗り切ったビジネスウーマンが少ないことは大きな問題と言えますから、さらに状況を分析し、しかるべき対応をとることが望ましいことは間違いありません。

　また、新卒と思われる20歳から24歳までの階級と次の階級の従業員数のギャップの大きさも気になります。ここも早急に手を打つべき個所である可能性が高そうです。

度数分析 No.6

図表6-2 ある企業における女性社員数

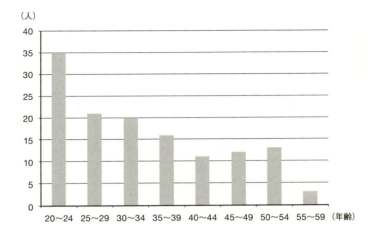

コツ・留意点

1 ヒストグラムは、同じ元データから作成したとしても、階級幅の取り方によって形状が変わります。たとえば図表6-1左の表は20点刻みとしましたが、仮に5点刻みのヒストグラムを描くと、ひょっとすると41～45点と56～60点の2つのピークが生まれ、異なる解釈が迫られるかもしれないのです。ちなみに、適切な階級数の目安を与えるとされる公式がいくつか存在します。その代表例が、「スタージェスの公式」で、標本の数にもっとも近づく「2のn乗」を求め、そのnを最適な階級数と考えれば良いとされています。たとえば400人の生徒がいる学年であれば、2の9乗の512がこれに近いので、9つの階級数で作図すれば、ほぼ適切な分布を知ることができるわけです。実際には9つの階層は半端なので、10点刻みで10の階層を作ればよいでしょう。

2 平均値は分かりやすい代表値であるため、安易に用いがちですが、図表6-1右図のようにピークが2つあるような場合には、かえって平均が「谷の部分」に来ることもあるため注意が必要です。可能な限り度数分布を見て「目で確認する」ことをお勧めします。

7 時系列分析

横軸に時間軸をとり、縦軸にデータをとって、データの時間的変化を見る分析。
通常は折れ線グラフか棒グラフを用いる。

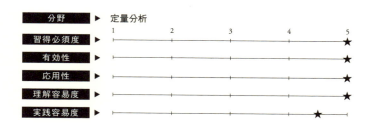

基礎を学ぶ

活用すべき場面
- 過去の大まかなトレンドや定期的な変動がないかを確認する
- 将来予測のヒントとする
- 何かイベントが起きたときにどのくらいのインパクトが生じたかのヒントとする
- 重要な KPI に関して注目すべき変化が起きていないかを確認する

考え方

時系列のグラフはあるデータについて、過去からの推移を示すものです。一般には折れ線グラフもしくは棒グラフで示されます。最も基本的な分析であり、作成も容易ですが、さまざまなヒントを得ることができる、非常に優れた分析です。

図表 7-1 は我が国におけるサイバー犯罪を示したものです。このグラフから以下のようなことが読み取れるでしょう。
- サイバー犯罪全体は基本的に増えている

時系列分析 No.7

図表7-1 時系列分析

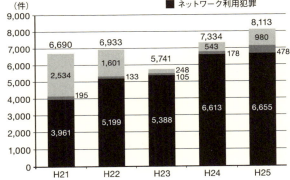

サイバー犯罪の検挙件数の推移
出典：警察庁

- その中でも特にネットワーク利用犯罪が大きく増えている
- 不正アクセス禁止法違反に関しては激減後、微増している
- 対策に大きな変化がなければ、このトレンドは今後も続きそう

　平成23年度（2011年度）に関してのみ数字が下がっていますが、この年は東日本大震災の起きた年であり、経済活動そのものが停滞していたことがその原因と思われます。他にも、犯罪者の「犯罪心理」が冷え込んだなどの理由も考えられそうです。どの理由がどれくらい効いているのかを正確に調べたい時にはさらなる調査が必要ですが、本来の分析目的に照らして、それを調べることに大きな意味がないのであれば、「震災の年だったので件数が減った」程度にとらえておいて問題はありません。

　図表7-1は単純なグラフですが、それでも見る時には注意が必要です。たとえばこのグラフは平成21年度（2009年度）からスター

トしていますが、分析の目的によっては、より以前の情報を調べる必要があるケースもあります。この例であれば、常識的にサイバー犯罪が増えたのは近年とあたりがつきますので、これ以上古いデータはそれほど必要ないかもしれませんが、少年犯罪のようなデータであれば、5年程度の短期間のデータでトレンドを判断するのは危険です。可能であれば30年程度の情報は欲しいものです。

また、用語の定義が途中で変わっていないかにも注意が必要です。比較の基本は「apple to apple」であり、同じものを比較するのが基本です。もし仮に「ネットワーク利用犯罪」の定義が途中で変わっていたとしたら、グラフから読み取れる意味合いも大きく変わるので注意が必要です。

時系列分析はさまざまな場面で威力を発揮しますが、特に経営においては、重要なKPI（Key Performance Indicators：重要業績指標）をしっかり定点観測しておくことが重要です。そうすることで、予想外の変化（例：顧客維持率が下がった）が起きたときなどに、速やかに対策がとれるようになるからです。

事例で確認

図表 7-2 はある企業がKPIとして測定している在庫回転期間をプロットしたものです。リーマンショックから東日本大震災の頃にかけて長くなっていた在庫回転期間が、2014年度までには以前と同様レベルまでに下がっていました。

ところが、2015年度になって一転して、過去最高となりました。何かしら悪い兆候の表れと見なせそうです。もし利益率も併せて下がっているようなら企業の競争力低下を意味しますし、利益率が変わっていないにもかかわらず在庫回転期間のみが長くなっているとしたら、また別の問題を疑う必要があります。いずれにせよ他の指標とあわせて分析することで問題のありかを探る必要があります。

時系列分析 No.7

図表7-2　ある企業の在庫回転期間

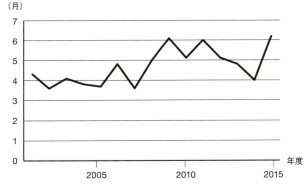

コツ・留意点

1 時系列のグラフを描くと、時折非連続的な変曲点や異常値が現れます。図表7-1の場合は天災というやや例外的なものでしたが、そうした異常値や変曲点からビジネス的な示唆を得ることができる場合もあります。たとえば、消費税は1997年に3％から5％に、2014年に5％から8％へと引き上げられました。その時に会社の業績にどのようなインパクトがあったかを見ておくと、たとえば次の消費税10％への引き上げの際に自社にどの程度のインパクトがあるかをある程度予測することができるのです。

2 時系列のグラフは、1) でも触れたように具体的なイベントと絡めて見てみることが必要ですが、注意が必要なのは、しばしばそのイベントが数字にインパクトを与えるまでにタイムラグ（時間的な遅れ）が発生するということです。たとえば、ストック型の収入（メンテナンス契約収入など）が売上げのかなりの部分を占めるような企業では、新製品販売の不調があったとしても、それがすぐには売上げなどの数字に表れてきません。ある年の新規顧客獲得の不振が、5、6年後ようやく全体の売上げに表れてくるというケースもあるのです。

プロセス×ウォーターフォール分析

プロセスに沿ってウォーターフォールチャートを描くことで、どのプロセスに問題があるかなどを探る分析。

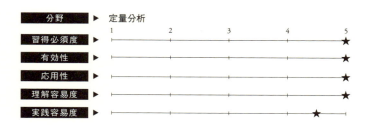

基礎を学ぶ

活用すべき場面

- プロセス型のフレームワーク(バリューチェーンや顧客の態度変容モデルなど)と組み合わせることで、コスト構造などを可視化する
- プロセスのどの部分で数字が大きく変化しているかを見ることで問題解決のヒントを得る

考え方

ウォーターフォールチャートとは、複数の構成要素からなるものの内訳を階段状に滝(ウォーターフォール)のように表現した棒グラフのことです。

構成を比較するだけであれば円グラフでもいいわけですが、要素にマイナスの要因が入っている場合(例:部門別の利益など)や、時系列の変化などは円グラフでは表現が難しいため、ウォーターフォールチャートで表すのが非常に効果的となります。

プロセス×ウォーターフォール分析 No.8

図表8-1 プロセス×ウォーターフォール分析

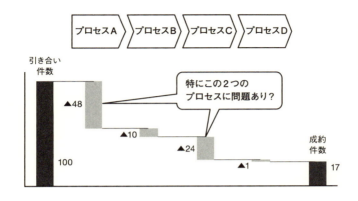

　ウォーターフォールチャートは、変化や構造を分解して視覚化するのに極めて長じたグラフであり、また**図表8-1**からも分かるように平面的な広がりがあることからコメントなども挿入しやすいため（通常の棒グラフにコメントを多数入れようとすると、ゴチャゴチャしてしまって非常に見づらくなります）、コンサルティングのレポートなどで多用されています。

　ウォーターフォールチャートは、極端に言えば通常の棒グラフの代替物としても常に使えますが、その効果が最も発揮されるのは、**図表8-1**に示したように、何らかのプロセスと組み合わせたときです。

　図表8-1はある企業の営業効率を4つのプロセスに沿ってみたものです。この企業では引き合い100件のうち成約に至ったのが17件（17％）ですが、どこで取り漏らしたのかを分析すると、プロセスAとプロセスCで72件の取り漏らしが発生していることが分かります。特にプロセスAでの取り漏らしは大きいものがあります。

正確を期するのであればさらに業界平均との比較や、社内の過去の実績との比較が必要です。しかし、このデータだけからでも、プロセスDのテコ入れなどはほとんど意味がなく、やはりプロセスAやプロセスCの改善に目を向ける必要があるのは明らかと言えるでしょう。

事例で確認

　図表8-2は、自社商品と競合に関して、マーケティングの態度変容モデルであるAIDAのフレームワークを用いてどこに問題があるかを示したものです。自社は業界2位のチャレンジャー、競合はトップメーカーとします。

　競合との比較も踏まえると、明らかに言えるのは、自社商品は認知度が低いということと、「欲しい」と思っているにもかかわらず、最終購買に至る割合が競合に比べて劣っているということです。

　仮説として言えそうなのは、まずは自社の広告投資が少ないということです。それが圧倒的な認知度の差につながっていそうです。欲求はあっても最終購買に結び付きにくいことからは、店頭に並べられていない、あるいは並べられていても分かりづらい場所にある、またあるいは欠品が多いなどの状況が考えられます。

　一方で、いったん興味まで持った人間は、欲求を持つ割合が競合に比べてかなり高くなっています。これは、商品力そのものは非常に高いものがあることを示唆します。

　仮説ではありますが、せっかくの商品力を活かすためにも、広告投資を増やすとともに、店頭で確実に置かれるような体制を構築できれば、競合はむしろ製品の魅力度は低く、広告と営業力で売っている状況と推定されるため、シェアを大きく増加させるチャンスと言えるかもしれません。

プロセス×ウォーターフォール分析 No.8

図表8-2　自社と競合の態度変容プロセス比較例

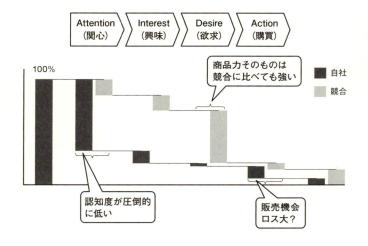

コツ・留意点

1 ウォーターフォールチャートは、見た目が派手なせいか、必要以上に多用する人がときどきいますが、通常の棒グラフを1ページにまとめれば事足りるのに、わざわざ何ページにもわたってウォーターフォールチャートを用いると、かえってインパクトが下がってしまいます。何事もメリハリが重要です。ウォーターフォールチャートは力を入れたいスライドのためにとっておき、通常の棒グラフやその他の簡単な図表で間に合うところはそれを用いるバランス感覚も必要です。

2 プロセス×ウォーターフォール分析では、プロセスを的確に設定することが重要です。順序が逆転したり、刻み方に大小差が極端に出てしまってはかえってミスリーディングになってしまいます。分析上意味のあるプロセスの設定を常日頃から心がける必要があります。また、自社の現状分析単独でもある程度のことは言えますが、慎重を期すのであれば図表 8-2 に示したように何か（例：対競合、対前年、対目標値など）と比較する方が、得られる示唆も大きく、対策も取りやすくなります。

9 回帰分析

変数間の関係を特定する分析。2変数の関係を見る単回帰分析と、3変数以上の関係を見る重回帰分析がある。

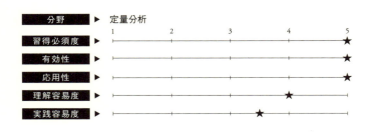

基礎を学ぶ

活用すべき場面

- 物事の因果関係を知るヒントとする
- 回帰曲線（直線）上に乗らない異常値からビジネス的なヒントを得る
- 過去の因果関係を知ることで将来の予測に役立てる。あるいは、抽出サンプルの因果関係から、他のサンプルに関して予測を行う

考え方

回帰分析は大きく2つの分析に分けられます。1つは、ある変数（目的変数）と別の変数（従属変数）の関係性を見る単回帰分析、もう1つは1つの変数（目的変数）と多数の変数（従属変数）の関係を見る重回帰分析です。

単回帰分析は、**図表9-1**に示したように原因となる従属変数を横軸、結果となる目的変数を縦軸にとって散布図を描きます。なお、**図表9-1**の横軸は、あるプロ野球チームの投手の身長、縦軸

回帰分析 No.9

図表9-1 単純な回帰分析（単回帰分析）

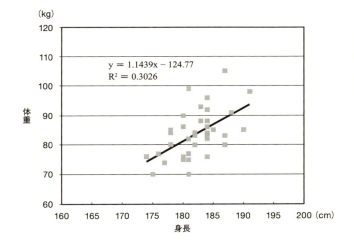

は体重を示しています。

　エクセルの散布図のグラフで「回帰式を表示」をクリックすると、図中にある

　y = 1.1439x − 124.77

の式が得られます。このように、y = ax + b の形で回帰線を求めるのが一般的な方法です（回帰線自体は、二次関数や対数などでも表示できますが、一般にはそれほど使われません）。

　図表中、R^2 と示されているのは決定係数と呼ばれる数値です。これは、Y軸の数値がX軸の数値で決まってくる割合と考えてください。このケースでは、R^2 は 0.3 で、このチームの投手の体重は、概ね身長で3割程度は決まるという意味となります。ちなみに、同じ野球選手でも、野手の方が通常 R^2 は高くなります。

　R^2 が100％に近づくほど、x が決まれば y が決まる比重が高いということになります。たとえば、駅からの距離が分かれば家賃相場が決まるといった感じです。「予測」を行うという意味では非常に

楽ですが、現場で働いている人間からすると工夫のしどころがなく
つまらないとも言えます。業界の変革者などは、むしろ既存の回帰
曲線では予測できないような新しいビジネスを生み出すことに意義
を見出すものです。

　重回帰分析は、

　　$y = a_1 x_1 + a_2 x_2 + a_3 x_3 + a_4 x_4 + a_5 x_5 + \cdots + b$

のように、複数の従属変数で目的変数を表します。従属変数の選び
方には、仮説を立てて演繹的に選ぶ方法と、機械的計算から求める
方法の2つがあります。説明のしやすさという意味では前者が勝り
ますが、予測の精度、つまり R^2 の高さという点では後者が勝るの
が一般的です。

事例で確認

　図表9-2 はある都心郊外の不動産物件の家賃がどの変数に影響
を受けて決まるかを、重回帰分析を行って示したものです（重回帰
分析の具体的な作業手順については、ネットで検索すると動画など
が見つかるのでそれを参考にしてください）。

　見ていただきたいのは、点線で示した係数とtの値、そして重決
定係数です。tは絶対値で2未満だと、その変数を用いることが不
適切とされます（切片のtは除く）。今回は、どの変数も絶対値は2
を超えていますから採用して構いません。

　このケースでは、

　　家賃 = $0.33 ×$ 平米 $- 0.21 ×$ 駅距離 $- 0.22 ×$ 築年数

の式で家賃が予測できることが分かります。詳細はここでは割愛し
ますが、重回帰分析の表では補正 R^2 の数値を決定係数と考えま
す。つまり、上記の3つの変数で、家賃の93％は概ね説明できる
ということです。この駅で物件を探す上では有用な情報と言えるで
しょう（サンプル数が増えるとさらに信頼性は増します）。

回帰分析 No.9

図表9-2　家賃に関する重回帰分析

【元データ】

家賃	平米	駅距離	築年数
12	45	3	6
13	50	10	6
15	50	5	5
9	30	3	1
7.5	30	1	10
8	25	1	1
9	35	5	3
10	40	10	5

注）家賃は万円、
駅距離は分を
単位とする

【重回帰分析の結果】

概要

回帰統計	
重相関 R	0.980904
重決定 R^2	0.962173
補正 R^2	0.933802
標準誤差	0.678766
観測数	8

分散分析表

	自由度	変動	分散	観測された分散比	有意F
回帰	3	46.87586	15.62529	33.91472	0.002649
残差	4	1.842891	0.460723		
合計	7	48.71875			

	係数	標準誤差	t	P-値	下限95%	上限95%	下限95.0%	上限95.0%
切片	-0.18209	1.127388	-0.16151	0.87952	-3.31222	2.948045	-3.31222	2.948045
平米	0.331592	0.038036	8.717898	0.000954	0.225988	0.437197	0.225988	0.437197
駅距離	-0.20707	0.096252	-2.15131	0.097838	-0.47431	0.060171	-0.47431	0.060171
築年数	-0.22461	0.093856	-2.3931	0.074915	-0.48519	0.035979	-0.48519	0.035979

コツ・留意点

1 本文の図表9-2では最初から有効な変数の候補が見つかりましたが、実際にはこのように簡単にはいきません。たとえば、ドラッグストア店舗の売上げであれば、上記の3つの要素に加え、店長の力量や近隣のライバル店の存在、商圏内人口、スタッフ数や商品点数など、さまざまな「候補としての変数」が考えられます。その中からtの絶対値がすべて2以上になり、かつ補正 R^2 が高くなる組み合わせを見つけるのは時間がかかるものです。一般的には、補正 R^2 が0.8以上の単純な組み合わせを見つけられたら、かなり優秀な回帰式と言えます。

2 単回帰分析にせよ重回帰分析にせよ、回帰分析が成り立つ前提として、「その他の条件はそれほど変わらない」というものがあります。たとえばある小売店の売上げ予測を立てる際に、駅中店と通常の街の店舗では、そもそもの前提やビジネスモデルが違いすぎるため、一緒くたに分析するのではなく、最初から分ける方が有効かもしれないのです。特に重回帰分析では単回帰分析とは異なって「異常値」を見つけることが難しいため、同じ土俵で語ることが難しいものについては、最初から峻別しておく方が効果的です。

10 感度分析

ある従属変数が変化した時に、目的変数がどのくらい変化するか、その振れ幅や振れ方を見る分析。

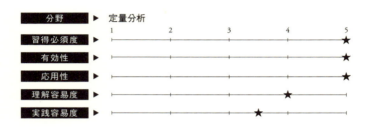

基礎を学ぶ

活用すべき場面

- あるシステムのリスクを知る
- 何が最終的なアウトプットに大きな影響を与える変動要因（リスク要因）かを知ることで、その変動に対する対策を立てる

考え方

感度分析にはさまざまな方法がありますが、ここでは最もオーソドックスなステップを紹介します。

① モデル化を行う

あるシステムに関して、それを構造化して、何が変数・パラメータで、それらがどのように関連しているかをモデル化する（アウトプットとインプットの関係を数式化する）

② 感度分析

変数ごとに、その変数を動かしたときにアウトプットにどれだけ影響を与えるかを計算する

感度分析 No.10

図表10-1 簡単な感度分析

インプット項目	計画値	単位		新規顧客単価のブレ	売上高のブレ
新規問合数	150	件数		1400	73,500
成約率	0.15	比率（無名数）		1600	78,000
新規顧客単価	2,000	万円		1800	82,500
既存売上高（固定）	50,000	万円	計画	2000	87,000
維持率	0.7	比率（無名数）		2200	91,500
顧客単価維持率	1.2	比率（無名数）			

③結果を可視化する

　このプロセスを簡単な例で見てみましょう。まず、①ですが、ある中堅 SI 企業の翌年の売上計画について見てみます。

　売上高というアウトプットは、たとえば以下のように数式でモデル化できます。これはあくまで一例で、他にもブレークダウンの仕方はたくさんあります。ここで極力、実務的に役に立つモデル化をしておくことが重要です。

売上高＝（新規問合数×成約率×新規顧客単価）＋（既存売上高×維持率×顧客単価維持率）

　この中では「既存売上高」のみが定数で、他の５つは変数・パラメータとなります。

　次に②のステップですが、それぞれの変数を動かしてみます。図

55

表10-1 では、5つある変数のうち、新規顧客単価は1400万円から2200万円まで振れる可能性があるとして、その時の売上げの変動を見ています。もし他の変数が一定なら、仮に新規顧客単価が最悪1400万円にまで下振れすると、売上げが当初の予定より1億3500万円減ることが分かります。

それぞれの変数の振れ幅は、「合理的な範囲」で設定する必要がありますが、一般には上限、下限とも、「これを越えることは10回に1回（もしくは20回に1回）程度」と推定される範囲で設定することが多いようです。言い方を変えれば、8割から9割方をカバーできる範囲で感度分析を行います。

この作業をそれぞれの変数について行います。

③の可視化については、エクセルについてはデータテーブルの機能を用いると、簡単に表にまとめることができます。

あるいは、図表10-2 のようなトルネードチャートと呼ばれるチャートを作り、変数の意味合いも踏まえ、対策を練ることもあります。

事例で確認

個人タクシーの運転手が、自分の月当たりの収支について感度分析を行ったとします。ここではモデル式は割愛しますが、重要そうと思われる変数について、上限、下限を、それをはみ出す確率10%のラインで設定し、振れ幅の大きなものから並べてみました。なお、トルネードチャートという名称は、竜巻のような形に見えるところから名づけられています。

この分析から言えるのは、収支を維持するためには実車率（走行しているうち乗客を乗せている時間の率）を維持することが最重要ということです。LPガス代はそれほどのインパクトはありませんから、客の来そうなところをしっかり走ることが重要そうです。

感度分析 No.10

図表10-2 トルネードチャートの事例

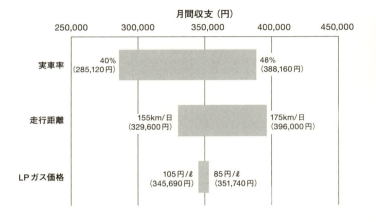

コツ・留意点

1 感度分析では、「意味のある範囲」で感度を見ることが重要です。1000回に1度も起こらないようなことを意識しすぎて変数の範囲を無駄に広く設定してもあまり良い対策にはつながりません。その対策にはコストがかかるからです。たとえば、競技場を営む企業であれば、1年のうちの雨天日数は非常に大事な変数です。しかし、365日が雨天という極端な可能性を考え、そのための保険を買ったとしても、結局は掛け捨てに終わってしまい、いたずらにコストを増やしてしまうだけでしょう。そこで、80%、もしくは90%の可能性をカバーできる上限と下限を、多少乱暴にでも設定してしまう方が効果的なのです。

2 トルネードチャートは視覚的にも分かりやすい分析ですが、同時に複数の変数を動かせないという制約があります。そうした制約をとり払い、両極端なケースを考えるのが「ベストケース、ワーストケース分析」です。これは、あらゆる状況がうまくいった場合（ベストケース）と、あらゆる状況が悪く転んだ場合（ワーストケース）を想定し、最終的なアウトプットがどうなるかを見る分析手法です。心構えを醸成する思考実験としても有効です。

11 ディシジョンツリー

意思決定における代替案とそれに影響を与える不確実な事柄の組み合わせを樹形図のように表現した分析ツール。

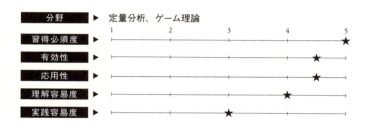

分野 ▶ 定量分析、ゲーム理論

基礎を学ぶ

活用すべき場面

- 不確実性の高い状況下で的確な意思決定（代替案の比較・選択）を行う
- 未来の可能性について再確認する
- リアル・オプションなどに応用することで投資の意思決定に活用する

考え方

将来の不確実な事柄のバラつきは、以下のような確率として把握することがです。

- 確率は、事柄につけられた0と1の間の数字
- 節点内の事柄の確率の和は1

この確率の考え方を応用し、可視化したのがディシジョンツリーです。ツリーを描くことにより、不確実な代替案同士を比較することができ、最も有利な選択肢を選ぶことができます。

ディシジョンツリー No.11

図表11-1 ディシジョンツリーのイメージ

アラスカにオーロラ見物に行く、
あるいはハワイにサーフィンに行きビッグウェーブ遭遇を狙う

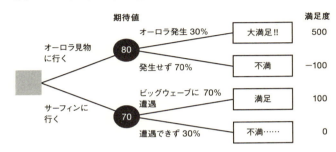

■ 意思決定ノード（意思決定者の代替案の分岐点）
● 機会事象ノード（不確実な事柄の分岐点）
注：満足度の数字は主観による

　ディシジョンツリーを作る際には「根元」から「枝」へと、順を追ってありうる選択肢を発生する順番に時系列に記して行くのが一般的です。

　四角い節点（ノード）は意思決定を示し、そこからの分岐はその意思決定における選択肢を示します。また丸い節点はそこで何らかの情報が判明することを表し（ここで確率が登場します）、そこからの分岐は発生しうる状態を表します。

　こうしてツリーを作った上で、最も有利な結果をもたらす選択肢を選ぶのが一般的な方法です。

　図表11-1の例では、最初の四角の節点で示した「オーロラ見物に行く」か「サーフィンに行く」かが自分の選択できるポイント（意思決定ノード）であり、ここでは通常、期待値の大きい方を選びます。このケースでは、期待値の高い「オーロラ見物」が有利となるので、通常はそちらを選びます。

　丸い節点（機会事象ノード）は確率で決まる事柄を示すので、こ

こでは、それぞれの事象がおこる確率と、その時のリターンを見積もり、期待値を求めます。実務的には、この確率とリターンを正確に数値化することが最も困難なプロセスとなります。

実際のビジネスでここまで数値を明確化することは難しいとされますが、過去の経験から数値を推定しやすい医薬品開発や天然資源のボーリングなどでは、実際にディシジョンツリーを用いるケースが多いとされます。

事例で確認

図表11-2 は、ある投資案件のどちらを選べばいいかという設定です。何も調査をしないと、図表上部のように、投資案件Bの方がかなり有利な状況とします。しかしここである調査を行うと、投資案件Aについてはその失敗を確実に避けられる対策が打てるものとします（成功／失敗の確率やリターン自体は変わりません）。この調査は行うべきでしょうか？ 図表11-2 に一旦調査費用を除いたディシジョンツリーを示しました。

図表からも明確なように、もし投資案件Aの失敗を避けられるのであれば、投資案件Aの方が投資案件Bよりも有効となり、意思決定でも投資案件Aを選ぶことになります。調査をした時としない時の差額は500万円となりますので、もし調査の費用が500万円以下であれば、この調査は行うべきと言えます。

このように、いきなり何かを意思決定するのではなく、調査をするなど、ワンステップ入れることで、マイナスの結果を避けられる場合があります。天然資源の掘削であればいきなり全体を掘削するしないを決めるのではなく、試験掘削をするようなものです。このような柔軟性をとりいれると、一般にはプロジェクトの価値が上がることが知られており、ファイナンスのリアル・オプションなどに応用されています。

ディジジョンツリー No.11

図表11-2 ディシジョンツリーで調査の是非を考える

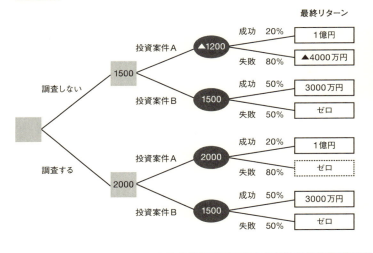

コツ・留意点

1 ディシジョンツリーの意思決定ノードでは、期待値の高い方を選ぶのが一般的です。ただし、期待値（可能性の加重平均）だけを見て意思決定するのが適さない場合もあります。たとえば**図表11-2**の上半分で、仮に「いま9000万円の負債があり、すぐに返さないと倒産する」という状況があったとします。この状況下では、期待値が高かったとしても、せいぜい3000万円のリターンしかない投資案件Bを選ぶことは意味がありません。確率は低くても、投資案件Aを選ばないといけないのです。こうしたケースは、スポーツでも出てきます。たとえば、アイスホッケーでは、フィールドプレーヤー5人、キーパー1人の体制で戦います。フィールドプレーヤー6人、キーパーなしの体制で1試合を戦えば絶対に負けるでしょう。しかし、試合終了間際で1点差で負けている場合には、キーパーを引っ込めるシーンがあります。何もせずにどうせ負けるよりも、1点をとる可能性が高くなるわずかな可能性に賭けているのです。

2 ディシジョンツリー作成は、枝分けの順序と、意思決定の節点、確率に任せる節点の見極めが重要です。複雑なものでは混乱しがちなので注意が必要です。

3章

経営戦略編

3 章で学ぶこと

　3章では、経営戦略の立案やその実行に関する分析ツールをご紹介します。経営戦略という分野は、最も独特の分析ツールが多い領域であることに加え、単なる整理ではなく、「本質は何なのか？」という問いかけが最も重要な分野でもあります。そうしたことも意識しながら読み進めてください。

　まず、**経営環境分析**は、マクロ環境分析や業界分析、３Ｃ分析などを含む非常に守備範囲の広い分析です。ただ、これを知らないと全く戦略のことは語れませんので、しっかり理解してください。

　KBF 分析と **KSF 分析**は、経営環境分析と同時並行的に行うと有効な分析です。いずれも戦略立案の土台になりますし、事業の本質（肝）の部分を考える上でも非常に重要な分析となります。

　彼我分析は、自社とライバルを徹底比較するものです。当然、競争戦略の立案において重要な意味を持ってきます。

　昨今、**RBV**（リソース・ベースド・ビュー）という経営資源重視の考え方が広まっています。自社の持つ経営資源を洗い出し、その価値を見極めるのが**リソース分析**です。自社の強みや弱みを知ることにもつながる分析です。

　魅力度／優位性構築可能性マトリクスと**事業ポートフォリオ分析**は、いずれも多角化に関連する分析ツールです。**魅力度／優位**

性構築可能性マトリクスは、複数の成長の機会について、どの案を優先させるべきか、そのヒントを得るものです。一方、**事業ポートフォリオ分析**は、すでに多角化した企業が、現在の事業ポートフォリオの状況を見定め、経営資源の配分の参考とする分析です。

シナリオ・プランニングは、不確実性の高い現代において、「未来の記憶」を残すために議論をするという非常にユニークな手法です。手間はかかりますが、その効果は大きなものがあります。

プラットフォーム構造分析は、ITが進化した現代において、その重要性を増しています。グーグルやアップルといったプラットフォーム企業が莫大な利益を上げている現状からしても、理解しておきたい分析手法です。

経営戦略に関する分析は、他の分析に比べても難易度が高いものが少なくありません。ただ、その難しさは実務的な部分に関連するところが多く、理論的に分からないというツールは少ないと思います。まずは基本を押さえた上で、しっかり経験を積みながら使いこなすことを目指してください。

12 経営環境分析

事業戦略もしくは企業戦略を構築する前提となる経営環境を見定める分析。さまざまな分析手法の集合から成る。

基礎を学ぶ

活用すべき場面
- 戦略立案の際の基本データとする
- 将来の経営環境の変化を予測することで、数年内に何をなすべきかを考えるヒントとする

考え方

戦略は、唐突に良いものが出てくるわけではなく、自社や自事業が置かれた環境を見極めることが第一歩となります。

経営環境分析は、最低限図表12-1に示したレイヤーに関して分析を行っておくと、それほど大外しをすることはありません。

まず業界をとり囲む所与の環境とも言えるマクロ環境については、PEST分析[注1]で、規制や政治環境、経済環境、社会環境、技術環境について最低限押さえておく必要があります。

次に業界に関する分析ですが、業界の規模や成長率を見極めることに加え、5つの力分析[注2]やアドバンテージ・マトリクスの分

注1,2,3：補遺参照のこと

経営環境分析 No.12

図表12-1 経営環境分析

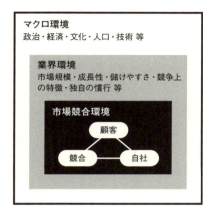

3C分析：Customer（市場・顧客）、Competitor（競合）、Company（自社）

析(注3)を行うと、その業界の特徴がよく分かります。

5つの力分析はその業界の「儲けやすさ」（利益を削減する力の強弱）を見極めるものです。一方、アドバンテージ・マトリクスは競争の変数の多寡や、その業界で絶対的なポジションを築く可能性の高低を調べます。たとえば外食産業は、全体的な市場規模は縮小しており、かつ業界全般として誰もが儲けやすい業界とは言えませんが、競争変数が多く（例：味、立地、雰囲気等）、やりようによっては十分に利益を上げられるチャンスがある、などと分析できます。

実際には、都市部とそれ以外ではまた状況が異なるなど、どこを「自社の戦う土俵」として設定するかで結論は大きく変わってくるので注意が必要です。

3C分析(注4)では、顧客・市場と競合、そして自社について分析します。顧客・市場に関しては規模や成長性、顧客のニーズやKBF（主要購買要因）などを調べ、自社が効果的にアプローチできるかを見極めます。競合分析に関しては、そもそも誰が重要な競合

注4：補遺参照のこと

なのかを見極めると同時に、自社と主要な競合について、競争上、重要な要素に関する彼我分析（78 ページ参照）を行います。

自社分析は、自社や自事業の強み弱みをさまざまな角度から分析します。バリューチェーン分析[注5]を行うことで、自社のビジネスの構造上の特徴を確認したり、リソース分析（82 ページ）で自社の経営資源の特徴や、それがどのくらい価値のあるものなのかを見極めます。

戦略のゼロベースからの構築なのか、それとも微調整なのか等によって、必要な分析の深みは変わってきますが、いずれにせよ局所だけを見るのではなく、経営環境を俯瞰的かつ客観的に把握することが大事です。

事例で確認

ここではローソンの立場で経営環境分析を行ってみましょう。実際には上記の分析ツールを用いて詳細な分析を行う必要がありますが、そのエッセンスをまとめたのが**図表12-2**です。

百貨店や GMS が業界全体として伸び悩んでいるのに対して、コンビニ業界はいまだ成長が続くことが見込まれる優良業界です。ローソンもその中で業界上位、売上高営業利益率 15% の結果を残しているのですが、とにかく首位のセブン - イレブンが質量ともに強すぎるため、それをキャッチアップするだけでも大変という状況です。3 位だったファミリーマートの M&A により、店舗数では大きく逆転されるのも気がかりです。

IT の進化が業界構造に大きな影響を及ぼす可能性があるので、それをセブン - イレブンに先駆けて有効活用することが必要と言えそうです。もしくは、業界全体の再編も進んでいるので、思い切った下位企業の買収なども視野に入れてよさそうです。

注5：補遺参照のこと

経営環境分析 No.12

図表12-2 ローソンの経営環境分析

	分析結果
マクロ環境分析	単身者の増大やシニアのコンビニ利用が増えているのは追い風。景気変動はそれほど大きな影響はない。ITが人々の生活を大きく変える中で、それを味方にできるか否かが重要
業界分析	市場規模は10兆円超と大きく、市場はいまだ伸びている。競争は激しいものの、他の流通業に比べれば収益性も高い（特にフランチャイザーの立場では）。ネット通販や宅配などがより便利になれば強大な代替財となりうる。重要な競争変数は、規模、立地、品揃え、PBの商品開発。業界3位のファミリーマートと、ユニー傘下のサークルKサンクスの統合により、競争環境の変化が予想される
顧客・市場分析	一般の「ローソン」の顧客層は他のコンビニの層と大きな差はないが、「ナチュラルローソン」などは健康志向の顧客が多い。一般的な顧客のKBFは立地（利便性）、品揃え、安さとなっている
競合分析	業界1位のセブン-イレブンが1.5倍の店舗数を有している。ローソンの日販はセブン-イレブンの8割程度に止まっており、売上高営業利益率も30％対15％と後塵を拝している。質量ともに厳しい戦い。サークルKサンクスと統合したファミリーマートに規模的には抜かれたが、収益性では上回る。上位3強以外は弱い
自社分析	PB商品開発力、マーチャンダイジング力などでセブン-イレブンを追いかける立場。「ナチュラルローソン」や「100円ローソン」などは一定の評価を得ているが、大きなアドバンテージを得るには至っていない

コツ・留意点

1 戦略論には、主に外部環境を重視し、その中で自社がとるべき差別的ポジションを設定しようという考え方と（ポジショニング論）、自社の強みをそれが生じているメカニズムも含めて認識したうえで、それを有効活用しようという考え方（資源ベース論）があります。どちらの立場をとるにせよ、ここでご紹介した経営環境分析をバランスよく行うことは必須です。どれだけ外部の機会を見つけても、自社にその能力がなければ意味がありませんし、どれだけ良い経営資源を持っていても、顧客や業界のことを理解しないままに戦っても勝ち目は薄いからです。

2 業界環境分析の中でも難しいのは、競合分析でしょう。表層的な部分を分析することはできても、戦略や、その前提となる考え方までを正確に知ることは難しいからです。また、業界分析と競合分析で検討することの多い代替財も分析が難しい要素です。特に昨今では破壊的イノベーションによって業界そのものが破壊されるケースがしばしば見られますが、業界の中にいると、そうしたイノベーションをなかなか認識しづらいものなのです。

13 KBF分析

企業にキャッシュをもたらす顧客が特に何を重視して製品やサービスを購買するのかを知るための分析。

基礎を学ぶ

活用すべき場面
- マーケティング戦略や営業戦略、事業戦略の立案に活かす
- 事業のKSFを検討する際の1つのヒントとする

考え方

KBF（Key Buying Factors：主要購買要因）は、顧客がある製品・サービスを購入する際に、特に何を重要な判断材料としているかということです。

KBFを知るには、まずはターゲット顧客を特定します。KBFを特定するために最もよく用いられている手法はアンケートです。たとえば、想定されるKBFを10個ほどピックアップし、それらをどのくらい重視するかを5段階評価してもらい、相対的な重要度を数値化します。

なお、その際、自由記入欄に「その他」の項目を設けておくことも重要です。往々にして、売り手側が想定していないようなことを

KBF分析 No.13

図表13-1 KBF

	KBFの例
銀行	規模、信用（財務状況など）、アクセスの良さ、金利の良さ、サービスの良さ　他
ファストフード	美味しさ、価格、スピード（待ち時間など）、健康的か否か、店の清潔さや雰囲気、店の設備（無料Wi-Fiなど）、アクセスの良さ　他
衣料品店	ファッション性、機能性、価格、品揃え、コーディネート提供力（店員の対応など）
ビジネススクール	カリキュラムの充実度、ファカルティの充実度、学費、卒業後の選択肢の広さ、立地、オペレーションの良さ、知名度　他

顧客は気にしているかもしれないからです（例：買っているところを知人に見られたくない、など）。これは特に新製品の場合重要となります。

　一般にはアンケートでだいたいのKBFは把握できますが、念を入れるのであれば、さらにユーザーインタビューを行うのが有効です。商材にもよりますが、数人程度のモニターを集めてフォーカスグループインタビューを行うと、その製品を買う際に何を気にしているのかがよくわかります。

　こうして調べたKBFを、自社と他社商品がそれぞれどの程度満たしているかという現状と、実際のシェアと突き合わせてみると、さまざまな発見ができる可能性があります。

　もし自社商品がKBFを十分に満たしているにもかかわらずシェアが低かったとしたら、そこには何らかの理由があるはずです。たとえば、商品が欠品することが多く販売機会ロスが生まれている、あるいは、店頭で目立たない場所に置かれているなどです。

KBF は、自社商品を売る上での（ほぼ）必要条件ではありますが、十分条件ではありませんので、そうしたことにも注意を向ける必要があります。

なお、ここまでの議論は消費者向けの製品・サービスを念頭に置いていましたが、法人や公共機関といった組織向けの KBF を知るのは少しハードルが上がります。なぜなら、組織の中に、購買に関係するさまざまな立場の人間がおり（これらの人々を DMU（Decision Making Unit：購買意思決定者）と呼びます）、それぞれの DMU が異なる KBF を持っていることが多いからです。

たとえば一般に、ユーザーは使いやすさを最重要視するのに対し、経営陣や購買部門はコストに対する意識が強くなります。同じ業界の中ですら、企業によっては DMU ごとの発言力は異なります。特に大企業向けの法人マーケティングでは、個別の顧客ごとに最重要 DMU（狭義にはこれを DMU と呼ぶこともあります）を特定し、その KBF を知ることが有効な場合が少なくありません。

事例で確認

図表13-2 は米国の病院チェーン向けの医療機器の KBF を調べたものです。米国の病院は日本とは異なりビジネス化、チェーン化が進むとともに、定額医療の定着もあって、一般にコストにシビアです。そのため、購買部（チェーン全体の購買をとり仕切り、バイイングパワーを効かせることが少なくありません）が力を持つケースが多くなっています。

一方で、もちろん医師の意向も重視されます。日本と異なるのは、医療訴訟が多いため、それを避けたいという誘因が大きいことです。

日本メーカーが新商品でこの市場を攻めるのであれば、こうした DMU ごとの KBF の差を知った上で、どのようなアプローチを行うのかを検討する必要があります。

KBF分析 No.13

図表13-2 法人顧客の DMU ごとの KBF 例

米国病院チェーン向けの医療機器に関する DMU ごとの KBF 例

経営陣
・トータルとしての高い費用対効果

購買部
・安さ ・事務の単純さ

医師
・治療上の効果 ・副作用の少なさ ・扱いやすさ ・訴訟になった時の有利さ

コメディカル
・扱いやすさ ・間違いにくさ

コツ・留意点

1 KBF は固定的なものではなく、企業側からの働きかけによって変更可能な要素でもあることも忘れてはいけません。たとえば、自社の新製品が体に良い要素を含み、かつ、それまでその業界では健康があまり謳われていなかったのであれば、それを前面に押し出したプロモーションを行うことで人々の潜在的な健康志向を刺激し、新しい KBF として確立できるかもしれないのです。マーケティングや営業の世界は、顧客の心理を変える戦いとも言えますので、この観点は非常に重要です。

2 KBF はある日突然激変する可能性もあります。これは多くの場合は顧客のニーズの変化を反映しています。たとえば 2011 年の大震災直後は、「贅沢感が漂う」という要素は、それまでそれが KBF であった業界でも重要度が減りました。フジテレビが最近不調なのも（2016 年 6 月現在）、人々のテレビ番組に求めるニーズやチャネル選択の（広義の）KBF に、フジテレビの「ノリ」がマッチしなくなったせいではないかとフジテレビの幹部が述べたこともありました。常に時代の変化を追うことがやはり重要です。

14 KSF分析

事業の成功要因を探る分析。経営戦略を立案する上で最も重要な分析の1つ。経営環境分析との連関が強い。

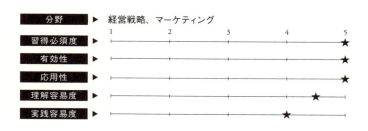

基礎を学ぶ

活用すべき場面

- 競争戦略を練る際のヒントとする
- その業界への参入の可否のヒントとする

考え方

　KSF（Key Success Factors：重要成功要因）とは、事業を成功させるカギのことです。さまざまな競争変数のうち、競争上特に重要なものとも言えます。業界の平均的、典型的な成功要因を指すこともあれば、特定の企業の事業の成功要因を指すこともあるので注意が必要です。通常は文脈から判断することができます。

　なお、事業の成功にはさまざまな定義がありますが、一般的には競争上優位な立場に立ち、収益や成長を実現できている状態を指します。

　業界の平均的、典型的なKSFについては、実際に業界分析（66ページ参照）を行い、その業界でどのような企業が実際に勝ってい

KSF分析 No.14

図表14-1 さまざまな業界の KSF

	業界の勝者の観察から導かれるKSFの例
自動車	規模、開発力、販売力、効率的生産
ダイヤモンド販売	調達ルートの確保、希少性
SNS	早期の会員囲い込み、使いやすさ、自己増殖性
私立大学	卒業生の活躍度合い、立地、知名度、学費

るか、重要な共通項を帰納的に分析するのが最も手っ取り早い方法です。

たとえば、清涼飲料業界では、シェアの順位は、コカ・コーラ、サントリー食品、伊藤園、アサヒ飲料、キリンビバレッジとなります。

茶系飲料にほぼ特化している伊藤園を除けば、概ね残り4社のシェアの順位は、自動販売機の数と広告投資を反映していることが分かります。これは、清涼飲料の「飲みたい時が買いたいとき」という商材特性や、日本人の清涼飲料購買チャネルのおよそ50％が自動販売機によっているという事情を考えれば納得がいくでしょう。

逆に、いったんこの業界でこのKSF、特に自動販売機の数（および好立地への設置）を押さえることができれば、後発商品でも勝てる可能性が高いということです。事実、コカ・コーラは、「爽健美茶」（ブレンド茶）、「アクエリアス」（機能性飲料）、「ジョージア」（缶コーヒー）などのカテゴリーにおいてナンバー1シェアを誇って

いますが、これらはすべてそのカテゴリーにおいては 2 番手以降に出した商品です。

　KSF は、KBF（70 ページ参照）との連関も深く、それをヒントに検討することもできます。たとえば顧客の KBF がほぼ低価格のみであれば、それを実現できる規模や低コストオペレーションが KSF となります。

　ただし、KSF と KBF は必ずしも 1 対 1 対応するわけではありません。たとえば石油元売り事業の KSF の 1 つは油田の確保ですが、これは顧客がガソリンを買ったりするときの KBF（価格、ガソリンスタンドの立地、サービスの良さ）からは必ずしも直接的に導けるわけではありません。こうした事例もあるので注意が必要です。

　個別企業の事業の KSF については、世の中の動向や業界の KSF を踏まえたうえで、自社の目指すべき勝ちパターンを構想し、その重要要因をピックアップします。

　単純に業界の KSF の後追いをすることもありますが、市場の棲み分けをしたり、新しい競争の軸を追加することで独自性を打ち出したり、業界そのものを刷新するようなイノベーションを起こしたりと、戦い方や追求すべき KSF にはさまざまなパターンがあります。

事例で確認

　革新的な商品、ビジネスとして名高い iPod（＋ iTunes）事業の目指した KSF を**図表14-2**にまとめてみました。

　アップルのスティーブ・ジョブズの慧眼は、当時の業界の KSF が世の中で起こりつつあったことと乖離していることを見抜いた点でしょう。そのまま二番煎じの携帯音楽プレーヤーを出したとしても、一部のファンにしか受けなかったと思われます。音楽会社も巻き込んで全く新しい勝ちパターンを構想し、iPod 事業の KSF を満たしたからこそ、iPod は歴史に残る商品となったのです。

KSF分析 No.14

図表14-2　アップルの iPod 事業が実現しようとした KSF

― 外部環境の変化 ―
- インターネットの通信環境が整備されつつあった
- 音楽ファイルの海賊版ダウンロードの対応に音楽会社が苦慮していた

乖離 ⇒ ビジネスチャンス

― それまでの携帯音楽プレーヤー業界のKSF ―
- モノづくりのうまさ（音質、コンパクトさなど）
- ブランド、知名度

← そのままの後追いは難しい

― アップルの状況 ―
- 革新的なイメージ
- インターフェイスやデザインが優れている
- 熱心なファンが多い
- 日本的なモノづくりが得意というわけではない

↓ KSFの刷新

― iPod事業のKSF ―
- 卓越したインターフェイス、デザイン
- ダウンロードの容易さを仕組みとして確立（音楽会社も巻き込む）
- 保存できる曲数を圧倒的に増やす
- 多くのユーザーが利用できるようにする（後のWindows対応など）

コツ・留意点

1 KSFは、一般には対外的な競争上の変数を扱います。ビジネスにとっては大事であっても、戦略上の変数でないものは普通はKSFとして取り上げません。その代表例は、「優れたリーダー」です。確かに優れたリーダーはビジネス上、極めて大事ではありますが、多くの企業にとって、「優れたリーダーを持て」と言ったところでそれはあまり意味をなしません。そうした項目はKSFとして扱わないのが一般的です。他の例としては、「PDCA」「良き企業文化」なども同様です。これらも経営上非常に重要ではあるのですが、それが実現できればいいのは当たり前であり、戦略的な示唆にはつながらないことから（さらに言えば、PDCAなどは顧客やステークホルダーへの提供価値とダイレクトには結び付かないことから）、通常はKSFには含めません。

2 業界の典型的なKSFが分かったからと言って、ある企業がそれにどのように対応すべきかの絶対的な解はありません。それは自動的に決定されるものではなく、経営者の強い意志が入るからです。特にベンチャー企業においては、あえて達成困難なKSFに挑戦することも少なくはないのです。

15 彼我分析

自社と他社(通常は競合)を比較する分析。分析目的によって、比較対照する項目は変わってくる。

基礎を学ぶ

活用すべき場面
- 戦略立案において、競合との差異を詳細に検討する
- 特に弱者の立場において、上位企業の弱点や力を入れていない要素を知り、競争戦略立案のヒントとする

考え方

彼我分析は文字通り自社とライバルの比較分析です。単純な分析ではありますが、競合に対する競争戦略を考える上で効果的です。

彼我分析に当たっては重要な点が2つあります。誰と比較するかという点と、どの項目を比較するかです。

まず誰と比較するかですが、一般には戦略上、最も重要なライバルとなります。キリンビールであればアサヒビールとサントリー、三井住友銀行であれば三菱東京UFJ銀行、みずほ銀行などとなるでしょう。通常、トップ企業(リーダー)は第2位の企業(チャレンジャー)、第2位の企業はトップ企業、もしくは自社とシェアの

彼我分析 No.15

図表15-1 彼我分析

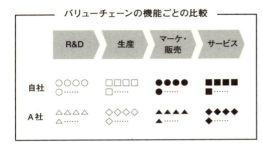

注）バリューチェーンの比較では、コア・コンピタンス（核となる強み）や、バリューチェーンを束ねるケイパビリティ（組織能力）に関しても分析しておくことが好ましい

近いチャレンジャー企業を意識して比較します。

ただし、シェアは業界の設定にもよるので、当然そうした要素も意識します。LINE は日本では無料通話アプリも兼ね備えた SNS としてはナンバーワンですが、日本でもよく用いられている KakaoTalk 等よりは、グローバル展開を見据えるならば、Facebook 傘下の WhatsApp と彼我分析を行う方が、戦略上はより重要かもしれません（その場合は地域ごとの比較も必要そうです）。

次に、どの項目について比較するかは、目的によって変わってきます。全社戦略や事業戦略を念頭においている場合は、**図表15-1** に示したように、バリューチェーンの違いや保有している経営資源の違い、財務指標の差異等を分析するケースが多いです。一方、たとえば個々の製品のマーケティングを検討する際には、ターゲットやポジショニング、4P（製品、価格、プロモーション、チャネル）といったマーケティング要素について分析します。

あるいは、人事部の新卒採用担当者であれば、年収や初任給、人事評価の在り方、知名度・好感度、学生からの人気ランキング、組織風土などを比較する方が有効な施策を打てるでしょう。

彼我分析は有効な分析ではありますが、69ページの競合分析のコツ・留意点でも述べたように、往々にして表層的な分析に目が行きがちで、企業の内部的な要素に関して正確に分析を行うのが難しいという欠点もあります。

特に近年は85ページでも触れる「見えざる資産」が注目を集めており、その分析の重要度が増しています。

単純なビジネスモデルは、極端に言えば、お金さえあれば買収等を通じてある程度は模倣可能です。そうしたやり方による模倣が難しい点についても分析すると、戦略立案への示唆がより効果的なものとなるのです。

事例で確認

例として、日本コカ・コーラの立場からサントリー食品に関して彼我分析を行ってみました。ここでは比較項目として、重要な「戦略変数」をピックアップしています。

コカ・コーラは、清涼飲料分野において、長年圧倒的なシェアを誇っていました。その優位性の源泉にあったのは、「コカ・コーラ」という旗艦ブランドの強さもさることながら、圧倒的な自販機網でした。しかし、2015年にサントリー食品が、清涼飲料から撤退したJTグループの自販機網を千数百億円で買収するに伴い、その圧倒的地位は揺らいでいます。

もともとコンビニエンスストアやスーパーの売上高比率がコカ・コーラより高く、チャネルとの仲が良好なサントリー食品が、さらなる買収を仕掛けて自販機網を拡充させれば、コカ・コーラの首位の座も必ずしも安泰ではないと言えるでしょう。

彼我分析 No.15

図表15-2 日本コカ・コーラの立場からサントリー食品を見る：
戦略変数ごとの強さの比較

戦略変数	重要度	日本コカ・コーラ	サントリー食品	コメント
自販機数	大	◎（83万台）	◎ 肉薄（75万台）（JT自販機の買収）	買収次第で逆転あり？
自販機立地	大	◎	◎	
チャネルリレーション	大	○	◎（アルコール部門とのシナジー）	もともとサントリーは自販機以外での売上げ比率大
ブランドイメージ	大	◎（グローバル、スポンサーなどで先行）	○	一朝一夕の逆転はない？
広告投資	大	◎	◎	クリエイティブは両社とも巧み
製品力（既存）	大	◎（製品力は強いものの「コカ・コーラ」を活かしきれていない？）	◎	
新製品開発力	中	○	○	
オペレーション	中	○（ボトラー間で多少の差）	○（アルコール部門とのシナジー）	

コツ・留意点

1 彼我分析は、可能ならば一般公表データだけではなく、対象となるライバル企業の社員の（本音の）声なども反映させたいものです。ウェブを検索すればある程度の情報は入ってきますが、それらは通常それほど大した情報ではないことが一般的です。人づてにその企業を辞めた人に話を聞いてみる、友人ルートで情報を得るなど、その気になればかなり内部の情報も手に入れることは可能ですので、状況によってはそうした分析を行うことも検討していいでしょう。ただし、倫理的に好ましくない方法でそうした情報を収集することは、自社ブランドを毀損するリスクもあるので、あくまで常識的な範囲にとどめるのが賢明です。コストは高くなりますが、コンサルタントの活用も一法です。

2 彼我分析は、競合との比較のみならず、さまざまな応用が可能です。たとえば、競合とは言えませんが、社内で自部署と他部署の比較などを行うと、自部署の良いところや、克服すべき欠点などが見えてきて参考になります。ベンチマークも彼我分析の一種と言えます。良い示唆を得るためには良いベンチマークを選ぶことが重要となります。

16 リソース分析

自社の保有する経営資源と、その特質を知る分析。目に見えやすい資源だけではなく、目に見えにくい資源についても分析を行うのが望ましい。

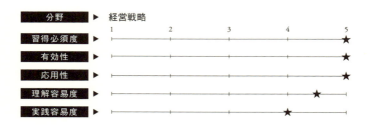

基礎を学ぶ

活用すべき場面
- 自社のリソースの質や量、特徴を知ることで競争戦略構築や多角化の意思決定のヒントとする
- (特にベンチャー企業において) 弱いリソースを見極め、その獲得可能性を探る

考え方

リソース分析では、まず自社が持つ経営資源をリストアップします。この時、価値を生み出す資源のみをリストアップするケースもあれば、価値を生み出さない資源も含めてすべての資源をリストアップするケースもあります。前者は主に競合との優位性比較に用いられるのに対し、後者は主にリストラなどの経営資源縮小の場面で用いられます。ここでは主に前者について述べます。

リソース分析には確立された絶対的な方法論があるわけではありませんが、図表16-1 に示したように、縦軸にリソースの種類、横軸

リソース分析 No.16

図表16-1 リソース分析

リソース分類	保有資源とその状況	VRIOによる評価			
		Value	Rarity	Imitability	Organization
ヒト					
人材	AAAAAAAAA ……	△	△	△	×
組織文化、人事制度	BBBBBBBBB ……	○	○	○	△
ノウハウ	CCCCCCCCC ……	○	○	△	△
ネットワーク	DDDDDDDDD ……	△	△	×	×
情報	EEEEEEEEE ……	△	△	×	×
モノ					
設備	FFFFFFFFF ……	○	△	×	×
商品	GGGGGGGGG ……	○	○	○	△
カネ	HHHHHHHHH ……	△	△	△	△
その他					
ブランド	IIIIIIIIII ……	○	○	△	×
その他	JJJJJJJJJ ……	○	○	○	△

にリソースの価値をとってマトリクスを作ると自社のリソースの特徴が見やすくなります。

　縦軸のリソースの分類は、最もシンプルな切り分けは、ヒト、モノ、カネというオーソドックスな3分類でしょう。しかしこの切り方は、リソース分析を行うに当たってはやや大雑把すぎるきらいがあります。そこで**図表16-1**では、それぞれを必要に応じて小分類に分けています。

　また、ブランドなどは、重要なのは間違いないのですが、ヒトともモノとも切り分けにくいものがあります。そこで**図表16-1**では「その他」の中の小分類としています。

　横軸のVRIOという考え方は、リソース・ベースド・ビュー（RBV）の大家である、J・B・バーニーが提唱したフレームワークで、「経済価値（Value）」「希少性（Rarity）」「模倣困難性（Imitability）」「組織（Organization）」の頭文字を指します。それぞれ、以下の内容

を指します。

Value：ある経営資源を保有していることによって、企業は外部環境
　　　　の機会を活用、あるいは脅威を無力化することができる

Rarity：その経営資源を保有する企業が少数である

Imitability：その経営資源の獲得・開発・模倣コストが高い

Organization：その経営資源を活用するための組織的方針がある

　VRIO では、V に適うだけではなく、R、I、O の評価が高くなる
にしたがって、経営資源として価値があり、競争力につながると考
えます。

　図表16-1 の企業は、組織の文化や制度、ノウハウ、商品、ブラン
ド、歴史などはまずまずのレベルにある一方で、人材そのものや資
金面では劣っており、また情報やネットワーク（ステークホルダーと
の多面的な関係）にも乏しいことが分かります。また、さまざまな資
源をうまく使いこなす組織方針も欠如しています。

　いまの商品力が弱くなると一気に業績が悪化してしまう可能性が
あることが分かります。

事例で確認

　図表16-2 はある新進の広告代理店 A 社のリソース分析です。も
ともと大手代理店のエースが数人集まって作った会社だけあって、
新進企業の割には健闘していると言えるでしょう。

　しかし、多くの対人サービスを売る新興企業にありがちなことで
すが、ノウハウが基本的に属人化しており、それを組織全体で活用
していくような機運もなければスキルもないことが見てとれます。
現在は優秀な人間が多いようですが（おそらく現在の経営メンバー
にあこがれて入社）、それが持続していくかも疑問です。

　早急に組織としての「見えざる資産」（コツ、留意点参照）をテコ
入れする必要がありそうです。

リソース分析 No.16

図表16-2 広告代理店 A 社のリソース分析

リソース分類		保有資源とその状況	VRIO による評価			
			Value	Rarity	Imitability	Organization
ヒト	人材	トップレベルの人材が多い	○	○	○	△
	組織文化、人事制度	風土はいいが、制度などは属人的でスケール化できない	○	△	×	×
	ノウハウ	属人性が高く、暗黙知を形式知にするような取り組みは弱い。ノウハウの横展開に難あり	○	○	△	×
	ネットワーク	属人的	○	△	△	△
	情報	得手不得手が極端	○	○	△	×
モノ	設備	物的資産はほとんどない	△	△	×	×
	商品	物的な商材は扱っていない。商品は「感性」の比重が高い。特許などはない	○	○	△	×
カネ		現状回ってはいるが余裕はない	△	△	△	×
その他	ブランド	現段階ではファンも多いが、将来的にどうなるかは不明	○	○	△	×
	見えざる資産	特筆すべきものはない	×	×	×	×

コツ・留意点

1 見えざる資産の考え方を提示した書籍『見えざる資産の戦略と論理』において伊丹敬之らは、ヤマト運輸の宅配便事業における優位性を決定づけたものは、トラック数や集荷センター数といった単純な要素ではなく、背後にある、組織体制や情報システム、人の質などを間断なく進化させ続けた点としました。また「市場からの学習」についても言及しており、学習と自己進化の仕組みを内包していることこそが、見えざる資産のポイントと指摘しています。それゆえ、「情報蓄積」と「情報チャネルの有効性」が見えざる資産構築の重要要素となってくるのです。この見えざる資産の研究は、後の「コア・コンピタンス」や「ケイパビリティ」の概念にもつながりました。リソース分析を精緻に行う際には、こうした要素にも切り込むことが効果的です。

2 一般に、自社のリソースが有効活用できる分野への事業拡大が有効となります。いわゆるシナジーの考え方です。一方で、逆に今持っていないリソースを M&A などによって手に入れ、同時に多角化を果たすという発想もあります。後者には大きなリスクが伴うことも当然考慮に入れる必要があります。

17 魅力度／優位性構築可能性マトリクス

事業の魅力度とそこで優位性を構築できる可能性の2軸でマトリクスを作り、事業の優先順位をつける分析手法。

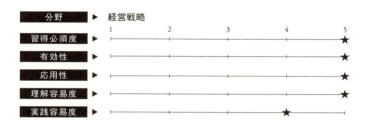

基礎を学ぶ

活用すべき場面
- 新規事業の有望性について評価する
- 複数の新規事業の案件について優先順位をつけ、リソース配分のヒントを得る

考え方

　魅力度／優位性構築可能性マトリクスは、縦軸に事業(市場)の魅力度、横軸にその事業における優位性構築の可能性の2軸をとり、主に新規事業の優先順位づけをするために用います。

　図表17-1に示したように、右上に近づくほど優先順位は高くなり、左下に近づくほど優先順位は低くなります。

　縦軸の魅力度に関しては、市場規模、成長性、儲けやすさ(5つの力分析(注1)より導出)などを勘案して決定します。注意が必要なのは、往々にして市場規模のみに目が行きがちな人がいる点です。市場が大きくても、成長率が低かったり、構造的に儲けにくい市場

注1:補遺参照のこと

魅力度／優位性構築可能性マトリクス No.17

図表17-1 魅力度／優位性構築可能性マトリクス

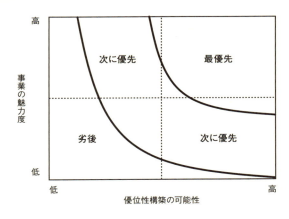

は必ずしも魅力的ではありません。成熟期でライバルも多く、顧客の交渉力が強い業界などがそれに該当します。

横軸の優位性構築の可能性は、文字通り、その市場において高い競争上のポジションを構築できる見込みのことを指します。KSFを実現できる可能性と言い換えても構いません。

一般に、魅力度が高い分野は、通常の企業にとっては競争優位性構築の可能性は低くなる傾向があります。魅力度が高いがゆえに、他のライバルも多数参戦して、俗に言う「レッドオーシャン（血の海）」となりやすいからです。

かつては、一見魅力的な市場があると、そこに多くの企業が殺到し、縦軸の魅力度が下がると同時に、競争優位性構築の可能性も低くなり、皆が低収益にあえぐという状況が多く見られました。さすがに昨今は、「選択と集中」がキーワードになったこともあってそうした安易な多角化は減ってはいますが、それでも多くの企業が往々にして陥りやすい罠と言えます。

実際に新規事業案をこのマトリクス上にプロットすると、明確に右上に来る有望案件は少なく、マトリクスの左上から右下に至る対角線上の「次に優先」の箇所に多くの案件が来るのが一般的です。実務的にはその中から優先順位づけを行うことが多くなります。

事例で確認

　図表17-2はある食品メーカーの3つの新規事業案をプロットしてみたものです。

　A案の医薬品分野への多角化は、一部バイオ技術のシナジーが活かせるものの、現状では臨床実験などを行うノウハウはありません。市場性は魅力的なものの、単独で成功を収めるのは難しいでしょう。

　B案の単身世帯向け食品事業は、近年有望なビジネスではありますが、各社が注目している市場でもあるので、競争に勝つのは必ずしも容易ではありません。

　Cの食のテーマパークは、いわゆる分散型事業（競争変数が多く、やりようによって儲かる可能性も高い）となります。魅力度は多少疑問ではありますが、設計をしっかり行い、稼働率を維持できればある程度の収益性は期待できそうです。

　現状では3つの案が拮抗していますが、ここでたとえばA案に関しては海外医薬品メーカーとのアライアンスの可能性もあるものとします。そうするとA案は今の位置より右側にプロットされることになります。

　最終的な意思決定は企業のミッションや長期ビジョンにも左右されますが、もしA案で本当にアライアンスが実現できるのなら、現時点ではそれが最も有望と言えそうです。アライアンスの可能性についてしっかり精査することが必要と言えるでしょう。

魅力度／優位性構築可能性マトリクス No.17

図表17-2 ある食品メーカーの多角化に関する魅力度／優位性構築可能性マトリクス

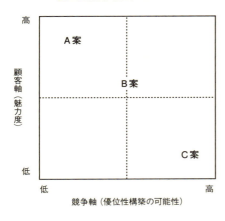

A案：医薬品分野への多角化
B案：単身世帯向け食品事業
C案：食のテーマパーク

コツ・留意点

1 実務的には、縦軸のプロットはそれほど難しくはありません。難しいのは横軸の優位性構築の可能性の見積もりです。よくある失敗は、現状持っている経営資源やノウハウがそのまま活用でき、シナジーが効くから成功すると安易に考えるパターンです。たとえば電鉄会社の百貨店事業などは、確かにある程度はシナジーが効きますが、百貨店事業が衰退期に入っている昨今、地の利だけを活かして新しく沿線に百貨店を出したとしても、他社との差別化ができず、低い売上げに甘んじざるを得ない可能性は低くはありません。シナジーがどの程度競争上効いてくるのかをしっかり見極めることが重要です。

2 本文中に、多くの新規事業案は左上から右下の対角線上に来ると書きました。もちろん、現状は現状で正確に把握することが必要ですが、その位置を動かす方法論がないかを考えることも重要です。具体的には、右下にプロットされるものはマーケティングの工夫などで市場を大きくできないか、左上にプロットされるものは戦略の工夫で優位性構築の可能性を大きくできないかなど、右上の象限に近づける方法論がないかを粘り強く検討することが大事です。

18 事業ポートフォリオ分析

既存の保有事業を2軸のマトリクスを用いてプロットし、自社のポートフォリオのあり方に関して検討する分析ツール。

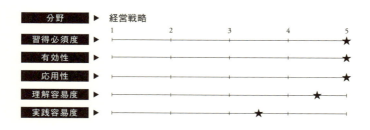

基礎を学ぶ

活用すべき場面
- 経営資源配分のヒントを得る
- 軸の設定のあり方を議論する中で、関係者の思考パターンや知識レベルを揃える

考え方

　企業の経営資源は無尽蔵ではなく限界があります。それをどのように各事業に割り振るべきかという課題は、昔から大きなテーマでした。当初はPLC（Product Life Cycle）に基づく資源配分が提唱されたこともありましたが、それだけでは解決しないということが分かってきました。

　そこに新風を吹き込み、事業ポートフォリオ分析の先駆けとなったのが、BCG（ボストン コンサルティング グループ）によって提唱されたPPM（Product Portfolio Management）のマトリクスです。図表については補遺251ページを参考にしていただきたいのですが、2つの

事業ポートフォリオ分析 No.18

図表18-1 GEのビジネススクリーン

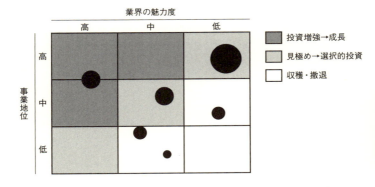

【業界の魅力度】：市場の規模と成長率、産業の収益性、インフレ、海外市場の重要性に関する指標等から評価
【事業地位】：市場における地位、競争上の地位、相対的収益率に関する指標等から評価

軸で4つの象限を作り、社内の事業をそこにプロットし、それぞれの象限にプロットされた事業に関して方針を定めるという手法は当時としては非常に新鮮かつ大胆な手法でした。

BCGのポートフォリオはシンプルゆえに分かりやすい考え方ではありましたが、成長率が設定しにくい、実際の利益を反映していない、シナジーを考慮していないなどの弱点も指摘されました。

そうした中、BCGのライバルであるマッキンゼーがゼネラル・エレクトリック（GE）と組んで発表したのが、**図表18-1**のGEのビジネススクリーンです。

このモデルでは、さまざまな要素の組み合わせから導かれた2軸、すなわち「事業地位」と「業界の魅力度」でマトリクスを作ります。BCGのポートフォリオと異なるのは、その軸の設定方法が自由度や多様性を含むことと、それぞれの軸について3段階の評価を行い、3×3の計9象限に事業をプロットすることです。

9象限への評価を行うことで分類が精密になることに加え、その

時々の経営の重要課題に応じて軸の意味合いを変えられることが大きな強みです。海外展開が重要なフェーズでは、「市場の魅力度」にたとえば「海外への展開のしやすさ」などを比重高く盛り込むことが可能となるのです。

一方で、欠点も指摘されています。各軸の設定の仕方が恣意的で時系列比較などが難しいことや、社内データを多用するため、競合との比較が難しいことなどです。

とは言え、GEのビジネススクリーンは、その特性上からも分かるように、作成するに当たっては「有意義な議論を喚起する」ポートフォリオです。その議論のプロセスで経営陣のマインドセットをすり合わせることができる点（例：収益性と成長性のどちらをどのくらい重視するかなど）にこそこのポートフォリオの価値があるという人間もいます。

なお、この2つが事業ポートフォリオ分析の嚆矢でもあり有名ですが、その他にも「ビジョンとの整合性」と「ROI」の2軸をとるBCGのバリューポートフォリオなど、その後もさまざまなマトリクスが考案されています。

事例で確認

図表18-2は自転車部品、釣り具でお馴染みのシマノのポートフォリオを想像で描いたものです。

先述したように、GEのポートフォリオ分析は、本来は社内資料なども用いて企業の当事者が行うものであるため、**図表18-2**の分析結果は想像の域を出ません。しかし、多少評価項目の重みが変わったとしても、この3事業の位置は大きくは変わらないでしょう。かつてはゴルフクラブ事業に進出して失敗したこともありましたが、第3の事業をいかに早く確立するかが引き続き課題と言えそうです。

事業ポートフォリオ分析 No.18

図表18-2 シマノの事業を GE のビジネススクリーンで分析（想像）

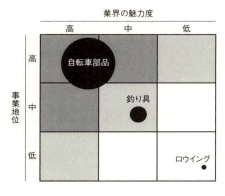

コツ・留意点

1 事業ポートフォリオ分析を行うに当たっては、事業の括りを適切に行うことにも注意を向ける必要があります。たとえば**図表18-2**のシマノの自転車部品事業は盤石のように見えますが、もし「国内」「北米」「欧州」「アジア」などと地域ごとに事業を分割すると、また見えてくる風景は変わるかもしれません。あるいは釣り具も「釣竿」「クーラー」「ウェア」などと事業を分割すると、当然それぞれの事業は別の箇所にプロットされるのです（ちなみに、シマノは釣竿ではトップに近い高い国内シェアを持っていますが、ウェアなどの国内シェアはかなり落ちます）。

2 あらゆる事業ポートフォリオ分析のツールに言えることですが、マトリクスにプロットされた結果だけで実際に経営資源の配分を決めたり、撤退などの重要な意思決定をすることは賢明とは言えません。事業には当然固有の事情もありますし、そこで働く人間に関する要素も大きなものがあります。シナジーの問題もあります。全社の方針に加え、現場感覚も意識し、さまざまな側面からバランスのとれた（偏っていない）意思決定を行うことが大事です。

19 シナリオ・プランニング

将来的に起こりうる未来について、複数のものを描き、それが実現するストーリーや、その時の対策を議論することで未来に備える分析方法。

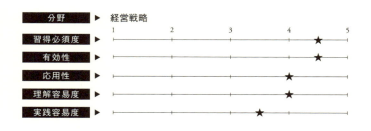

基礎を学ぶ

活用すべき場面
- 不確実性の高い事業において、将来のリスクに備える
- 起こりうる未来に関する議論を通じて、経営陣の思考パターンや知識レベルを揃える

考え方

専門家の予測は往々にして外れることが少なくありません。たとえば、1975年の段階でDEC（当時の大手コンピュータメーカー）のCEOは「個人が自宅にパソコンを持つ必要性はない」と発言しましたし、2006年にアップルがiPhoneを発売した時、当時マイクロソフトのCEOだったスティーブ・バルマーは、「こんなに高いものが売れるわけはない」とコメントしました。

今となれば両者とも間違っていたことは明白なわけですが、斯界の権威といえども、未来を見通すことは非常に難しいのです。

そうした中で、「未来を正確に予測することは不可能なのだから、

シナリオ・プランニング No.19

図表19-1 シナリオ・プランニング

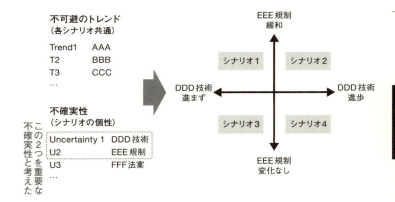

それは諦め、『起こりうる未来』を複数想定し、それらに関して予め議論しておく方が有効だ」というのがシナリオ・プランニングの考え方です。1970年代に石油元売り業者のシェルなどで実際に用いられ、効果を上げたことから広まりました。

なお、ここで言う「シナリオ」は、通常の「脚本」という意味とは異なり、起こりうる未来を表したストーリーのことです。確率論的な予測とも異なる点に注意してください。

典型的なシナリオ・プランニングでは、**図表19-1**の左に示したように、未来について、確実に起こるだろうこと（トレンド）と、どちらに転ぶか分からない不確実性を峻別します。その際には、66ページで示した経営環境分析の中でも、特にマクロ環境にフォーカスを当てるのが一般的です。

そして、不確実なものの中でも、自社の経営にとって大きなインパクトを持つものをリストアップし、特に重要なものを2つピックアップします。そして**図表19-1**の右に示したようにこの2つの軸

で4つの象限を作ります。そして、それぞれの象限にチームを割り当て、どのようなシナリオでそうした世界が起こったのかを因果関係なども意識し、記述的に書いてもらいます。シナリオはしばしば「未来の記憶」とも呼ばれますが、未来から逆方向に眺め、「こういうことがあってこの世界に至った」などと記述します。

そして、実際にそれぞれのシナリオが実現した時に、自社としてどういう戦略をとるべきかを考えておくのです。シナリオが共有化されていれば、実際にある未来が実現した時、「あのシナリオAが起こりつつあるんだ」と経営陣がすぐに判断できるため、素早い、的確な、一致団結したアクションをとりやすくなるのです。

なお、シナリオは、**図表19-1**では単純に「シナリオ1」「シナリオ2」などと表記しましたが、実際にシナリオ・プランニングを行う際には、人々の印象に強く残すため、シナリオの内容を想起させるようなインパクトのある名前をつけるのが一般的です。

事例で確認

図表19-2は日本のタクシー業界についてシナリオ・プランニングのための軸の設定をしてみた例です。

近年、アメリカにおけるUberの躍進で話題になっている「ライドシェア」と、AIの進化等による自動車の自動運転技術がどの程度進むかでマトリクスを作ってみました。なお、時間軸はここでは10年程度としています。

それぞれのシナリオには、シナリオの特徴を表す印象的なネーミングをしています。実際にはここからさらに、それぞれのシナリオについて具体的なストーリーを作り（1000字程度）、それぞれのシナリオが実現した時にどのような戦略をとるべきかを経営陣が話し合うことになるのです。

シナリオ・プランニング No.19

図表19-2 タクシー業界におけるシナリオ・プランニングの例

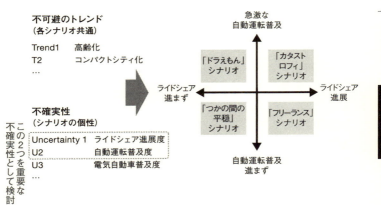

コツ・留意点

1 シナリオ・プランニングの目的としては、それぞれのシナリオにおいて具体的にワークする戦略を作ること以上に、人々の意識や知識を揃えることがあります。それゆえ、共同参画する人間は、しっかり考え抜くことが求められますし、最終的な結果以上に議論のプロセスが重視されます。可能ならばなるべく多くの人間がシナリオ・プランニングのワークショップに参加することが望ましいのですが、あまりに人数が多すぎると意見集約などが難しくなります。そこで、通常はキーとなる経営陣が集まり、ファシリテーターのもとに議論を進めるのが一般的です。

2 シナリオ・プランニングの軸は、議論を深めたい場合などは3つを選ぶこともあります。象限数は8つと増えてしまいますが、より具体的な未来について議論することが可能となります。一方で、軸を増やすことには煩雑さが増すというデメリットもありますので、目的を勘案しながら適切な数を設定します。軸は、自社にとって重要であることに加え、それぞれが独立事象であり、また抽象的すぎないなどの条件を満たしていることが好ましいとされます。

20 プラットフォーム構造分析

プラットフォームの特徴を見極める分析。ネットワークの経済性（ネットワーク外部性）と非常に強い関連性を持つ。

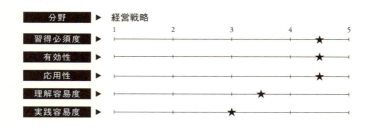

基礎を学ぶ

活用すべき場面
- 自社が効果的なプラットフォームを構築できるかを検討する
- 既存のプラットフォームをいかに活用したり回避したりしながら事業を構築するかを検討する

考え方

プラットフォーム構造分析に関しては、「こうでなければならない」という絶対的な分析手法があるわけではありません。

ここでは最低限押さえておきたいポイントとして、**図表20-1** に挙げたようなことを意識してもらえればと思います。

いくつか重要なキーワードに関してご説明しましょう。サイド内ネットワーク効果とは、1つのユーザーグループの中で、利用者の数が増えると利便性が増し、さらにユーザーが増えるという効果です。

ユーザーグループが1種類で、そこに強いサイド内ネットワーク効果が働いた例にかつての固定電話があります。こうしたネット

プラットフォーム構造分析 No.20

図表20-1 プラットフォーム構造分析

①プラットフォームの普及率

②リテンション効果

③そのプラットフォームはワンサイドか、それともツーサイドか？ ネットワーク効果はどの程度強く働くか？

④プラットフォームはどのようなレイヤー（階層構造）から成り立っているのか？ どのプレイヤーが強いのか？

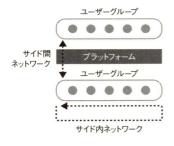

ワーク効果は、口コミなどと相まってネットワークの急速な普及を促すことがあります。また、プラットフォームの普及率が高まると、一般にリテンション効果も上がっていきます。

ユーザーグループが2種類いる場合もあります。それをツーサイド・プラットフォームといいます（電話はワンサイド・プラットフォームです）。

そして、それぞれのユーザーグループの「間」でネットワーク効果が働き、片方のサイドのユーザーが増えるともう一方のサイドのユーザーも増える場合、サイド間ネットワーク効果が働いていると言います。

OSのユーザーとアプリ開発業者の関係が、サイド間ネットワーク効果の働く例です。ユーザーが多いほどアプリ開発業者はたくさん集まりますし、アプリが多いほど便利になるため、ますます多くのユーザーが集まるのです。

プラットフォームのレイヤーとは、**図表20-1**右下に示したよう

な階層構造のことです。あるレイヤーにおいて高い浸透率を実現した企業は高い利益率を享受できる可能性が増します。

ただし、あるレイヤーでシェアを高めたからといって、それが未来永劫続くわけではありません。よくあるパターンは、上下の隣接プラットフォームに浸食・同質化されてしまうケースです。たとえばメーラーは一時期マイクロソフトの Outlook がかなりのシェアを持っていましたが、検索というレイヤーをほぼ押さえたグーグルの Gmail が現在ではかなりのシェアを持つに至り、マイクロソフトのメーラーの存在感は大きく下がりました。

事例で確認

パソコン OS の Windows についてもう少しみていきましょう。マイクロソフトの Windows と言えば、かつてはデファクトスタンダードの代名詞とも言えるようなプラットフォームでした。そして、**図表20-2** の中でも触れているように、アプリケーションをどんどん標準装備して魅力度を上げる戦略をとりました（上記の Outlook もその１つです）。その結果、パソコンの出荷台数の激増とともに収益も増してきたことは皆さんご存じでしょう。

ただし、最近はやや風向きが変わっています。人々の使うデバイスがパソコンからスマートフォンに移っていったからです。

これはマイクロソフトにとっては大きな痛手ではありましたが（買収したノキアもあまり収益には貢献していません）、マイクロソフトは iPad に Windows を無償提供するなど「とにかく使ってもらう」ための施策を打ちました。その結果、コンシューマー向けのライセンス収入などは激減したものの、Surface などハードの売上げが増えるなどし、結果としていまだに増収を果たしているのです。

強いプラットフォームを取り囲む環境は変わったものの、それをうまく活用して売上げにつなげていると言えるでしょう。

プラットフォーム構造分析 No.20

図表20-2 Windows OS の分析

PCにおけるプラットフォームの普及率は高い。
ただし、PC自体は存在感が下がっている。
OSに関してユーザーグループ間でサイド間ネットワーク効果は効いてはいるものの、SNSのような近年重視されているサービスには弱い。Microsoft Officeは相変わらず強い

- もともとWordなどのアプリを標準装備したり、Hotmailなどのソフトを買収してOSに組み込むことでOSの魅力を上げきた

- スマートフォンへの流れには乗りきれていないが、PC分野では相変わらず強く、特に無償でもいいのでWindowsを提供し、ハード（Surfaceなど）等の売上げで稼ぐモデルがワークし始めている。クラウドサービスなども伸びている

- Googleには敵わないものの、Bingなども売上げ貢献している

コツ・留意点

1 プラットフォームが他のプラットフォームと同質化され、取り込まれてしまうことをエンベロプメント（包囲）と言います。エンベロプメントは同じレイヤーのプレイヤーから仕掛けられることもありますし、異なるレイヤーのプレイヤーから仕掛けられることもあります。これを防ぐには、プラットフォームの魅力度を高めることが一番ではありますが、通常はなかなか難しいものです。そこでよく用いられる手法は、M&Aやアライアンスです。直接の競合と組むこともあれば、別の競合と共同戦線を張ることもあります。これが常に機能するわけではありませんが、いったん浸透率で大差がつけば逆転するのは難しいため、M&Aのような大胆な施策を用いてでもシェアを維持することには意味があるのです。

2 プラットフォームに依存しなくても利用できるようなサービスが出てくると、そのプラットフォームの価値は落ちます。たとえば、一時期、ソーシャルゲームのプラットフォームとしてモバゲーやグリーがかなり優位な地位を築きましたが、ネイティブアプリの増加により、業界地図は大きく変わったのです。

4章

マーケティング編

4章で学ぶこと

　本章では、マーケティングに関するさまざまな分析手法をご紹介します。企業にとってキャッシュをもたらす中心的な活動がマーケティングであり、その重要性はいまさら述べるまでもありません。マーケティングはまた、感性に依存する部分も大きい半面、愚直な分析による問題発見や課題設定、優先順位付けが非常に効果を発揮する分野でもあります。

　本章で紹介する分析手法を正しく使いこなせれば、企業のマーケティング力は増し、売上げや収益は大きく向上するはずです。そんなことも意識しながら読んでください。

　認知率分析は、企業や商品の認知、知名度に関する分析です。基本的な分析ではありますが、正しく用いると企業の望む認知のされ方を実現することができます。

　因子分析、クラスター分析は、統計学とも連関するやや専門的な分析です。自分自身で手を動かさないまでも、その意味するところは理解しておきたいものです。

　ポジショニング／パーセプション分析は、STP-4P というモダンマーケティングにおいて軸となるポジショニングが想定通りに実現しているかを知る分析手法です。

　RFM 分析、顧客ロイヤルティ分析は顧客維持型マーケティングの代表的な分析ツールです。**RFM 分析**は、既存顧客を 3 つの

軸で区別することにより、各セグメントに効果的な打ち手が打てるようになるものです。**顧客ロイヤルティ分析**は、顧客のリピート意向や口コミ意向を知るものです。企業の収益性向上を図る上で、さまざまなヒントを得ることのできる分析です。

　CE/CS分析は、マーケティングの重要な指標である顧客満足度を知るとともに、顧客の期待と満足度のマトリクスに整理することで、適切な打ち手を打てるようになる分析手法です。

　アトリビューション分析はネットビジネスの分析手法で、やや専門的な分析手法となります。ネット上での最適な広告投資実現に役に立ちます。

　ファネル分析は昔からある分析手法でしたが、ネット上で顧客の動きが捕捉しやすくなったことから、近年WEBマーケティングで盛んに用いられています。

　顧客インサイト分析は、顧客の深層心理、本音を引き出す分析手法であり、当たれば、大ヒット商品や効果的なCMなどにつながります。

　マーケティングの弱い企業が永続的に成長することはまずありえません。企業のキャッシュ創出力や持続可能性を増す上でも押さえておきたいツール群と言えるでしょう。

21 認知率分析

自社や自社の製品・サービスがどの程度知られているかを知る分析。再認率と再生率の2つの指標でチェックすることが多い。

基礎を学ぶ

活用すべき場面
- 現状の知名度を知ることでマーケティング、特にコミュニケーション戦略に活かす
- CMなどのコミュニケーション施策を打った前後の認知度を知ることでその施策の費用対効果を測定する

考え方

認知率(認知度)は、再認率(再認知名率、助成想起率)と再生率(再生知名率、純粋想起率)に分解することができます。両者の違いは、消費者意識調査の際に商品情報を提示するか否かにあります。

再認率は「○○という銘柄を知っていますか」と聞いたり、商品を見せたりするのに対し、再生率では「清涼飲料水といえば、何の銘柄を思い出しますか」というように商品情報を提示せずに回答してもらいます。

認知率分析 No.21

図表21-1 AMTUL と認知率

AMTUL の段階	定量化する指標
Awareness（認知させる）	再認知名率＊
Memory（記憶させる）	再生知名率＊＊
Trial（試験的に使う）	使用経験率
Usage（頻繁に使う）	主使用率
Loyalty（ブランドを決める）	今後の購買意向率

＊再認知名率：ブランド名を与えることにより、製品として認知できる
　　　　質問例「○○というブランドの製品を知っていますか？」
＊＊再生知名率：ブランド名を記憶しており、助けを借りずブランド名を挙げられる
　　　　質問例「○○の製品カテゴリーでは、どのブランドが好きですか？」

出所：水口健次著『マーケティング戦略の実際』日本経済新聞社　1983 年をもとに作成

　一般に正しく答えるためには鮮明な記憶が要求される後者の方が、数値は低くなる傾向にあります。

　これを顧客の態度変容モデルの AMTUL に当てはめると、再認率は Awareness の段階に至った顧客の比率、再生率は Memory の段階に至った顧客の比率に相当することが分かります。コミュニケーション戦略トータルとしては、これらをさらに試用、主使用、リピート購買につなげる必要があります。

　認知率の指標は新商品発売時に特に重視されますが、すでに市場に流通している商品についても、その商品の「鮮度」が維持されているかどうかを調べるためによく利用されます。

　調査は一般にはアンケートによって行います。当然ながら、まずは再生率の質問をし、その後に再認率の質問をします。逆にすると再生率調査の意味がありませんので注意してください。

　再認率と再生率はいずれも値が高い方がよいのですが、とりわけ

再生率が高ければ、多くの顧客が商品の存在や名称を正しく認識していることになるので、企業にとって好ましい状態と言えます。

ただし、調査する際はどちらか一方だけではなく、2つの指標を併用しながらその意味合いを考えた方が、課題の発見や解決策の考察が容易になります。たとえば、競合商品と比べて、自社商品の再認率が高く再生率が低い場合、自社商品は幅広く知られているものの、記憶に残りにくいことを意味しています。すでに市場に流通しているものの、強いマインドシェアを獲得できていない、ロングセラー商品にありがちなパターンです。このケースでは、強いマインドシェアを得るような施策、例としては製品の変更や、ユーザーグループの組織化などを検討すると有効かもしれません。

認知率を高めるには、顧客の頭の中に自社商品に対する明確なイメージを形成し、記憶してもらうためのコミュニケーション活動が不可欠です。なかでも、広告宣伝の投下、ダイレクトメールの配布、店頭露出度の向上などの活動を組み合わせることがポイントとなります。

事例で確認

図表21-2 は、ある企業の新製品発売後の認知率をアンケート調査により測定したものです。

再認率が当初の集中広告投資時期に比べて下がっていますが、再生率はライバルが数値を落とす中どんどん上がっています。仮説ではありますが、非常に商品力が高かったことから特定のファン層を掴むことに成功し、カテゴリーの中での存在感を確立したことが想像されます。とは言え、再認率が下がっているのは、これによって取り漏らしている顧客がいる可能性も示唆します。広告予算をとれる余裕があるなら、再度広告を集中的に打つことで、一気に再認率、再生率とも高めることを検討してもいいでしょう。

認知率分析 No.21

図表21-2 新製品発売後の認知率推移

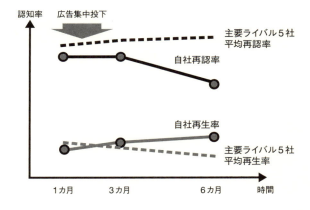

コツ・留意点

1 認知率の高さは必ずしも市場シェアや利益に直結するとは限らないという点を認識しておく必要があります。多くの顧客が商品の存在や名前を知っていても、購入意欲を持たなかったり、マイナスイメージを抱いたりすれば、売上げに結びつきません（「悪名は無名に勝る」という諺もあるにはあるのですが、やはり販売面でもマイナスになることが多いものです）。また、広告宣伝活動への投資を増やせば、ある程度の認知度を得ることは可能ですが、それだけ利益を圧迫することにもなります。認知率の高さだけでなく、「認知されている内容」「購入意向」「好感度」なども併せて検討すると、より効果的な対応策を打てる可能性が高まります。

2 純粋想起によるブランド名の中でも、一番目に回答されたブランドは第一想起ブランドと呼ばれます。これは通常、最も強いマインドシェアを持つものであり、図表21-1 に示した AMTUL で言えば後半の指標も高くなる傾向を持ちます。コミュニケーション戦略だけで第一想起ブランドになることは難しいですが、それでも「最初に思い出してもらえる」状態を目指すことは非常に重要です。

22 因子分析

相関関係の強い変数の集合を作り、それぞれに共通する特性を探る手法。マーケティングでは、セグメンテーションやポジショニングなどの際に用いられる。

基礎を学ぶ

活用すべき場面

- セグメンテーション、ポジショニングの際のヒントを得る
- 特定のセグメントにどのような価値が共通して訴求しているかを知る
- 多数の説明変数を少数の鍵となる因子に集約することで物事を単純化する

考え方

因子分析とは、ある観測された変数をうまく説明するような潜在的な共通因子を想定し、それぞれの測定された変数が、どのような潜在的な因子から影響を受けているかを逆算的に推定する分析の手法です。

因子分析で見つけ出そうとする因子は、直接的に測定することはできません。それをどのように見つけるかというと、測定された変数間の相関関係をもとに計算をし、数学的に推論を行い、導き出す

因子分析 No.22

図表22-1 因子分析の考え方

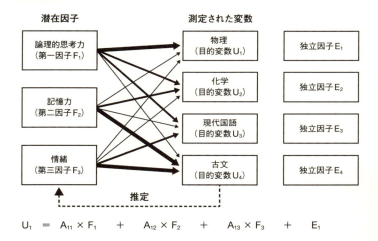

$$U_1 = A_{11} \times F_1 + A_{12} \times F_2 + A_{13} \times F_3 + E_1$$

のです。

なお、因子分析はエクセルなどの身近な表計算ソフトでも行うことができますがやや使い勝手が悪いことから、SPSSといったより高度な分析ソフトを用いて行われるのが一般的です。

図表22-1 の例は、物理、化学、現代国語、古文の4科目の得点がどのような因子に影響を受けているかを分析したものです。分析過程の詳細はやや高度な数学的知識が必要になるのでここでは割愛しますが、共通因子としては「論理的思考力」「記憶力」「情緒」の3つが得られました。

図表22-1 の下の記述にあるように、たとえば物理の点数は、
$U_1 = A_{11} \times F_1 + A_{12} \times F_2 + A_{13} \times F_3 + E_1$
のように表せます。これは他の科目についても同様です。

それぞれの因子の影響度は A_{11} や A_{12} といった数字で表現されています。これを因子負荷量と言います。因子負荷量は、0から±1

までの値をとります。考え方は相関係数と同様と思っていただいて構いません。

図表22-1では、それぞれの科目の点数と、3つの因子がどのくらい強い関係があるかを矢印の太さで示していますが、この矢印の太さが因子負荷量を示しています。

なお、**図表22-1**では最初から潜在因子に名前がついていますが、通常は逆に、因子負荷量を勘案したうえで因子の名前をつけます。たとえば第二因子は、物理と現代国語にはあまり影響を与えず、化学と古文には強く影響を与えています。そこから、この要素は「記憶力」ではないかと推定しているのです。

実際には、より多くの変数を分析することで、その名前が適切かを評価します。たとえばこの例で言えば、もし記憶力が重要な他の科目（例：地理など）とこの変数の関係が大きいことが分かれば、この因子が記憶力である可能性はさらに増すということです。

マーケティングにおいて因子分析を行う際には、さまざまな質問をします。そして、これらを基に、全体の傾向を説明する度合いの高い因子をいくつか選び出し、マーケティング施策のヒントにします。先述したように、直接には測定できない潜在的な因子を、さまざまな質問から逆算して求めるのです。説明変数の数を減らせることに加え、さまざまな項目間の関係性を理解しやすくなるというメリットがあります。

事例で確認

図表22-2は、ある企業の化粧品の製品ラインに関してアンケートに基づき因子分析を行い、それぞれの製品ラインがどの因子に基づいて購入されているかを視覚的に表したものです。

3つの製品ラインが概ね想定ターゲットに適切に訴求していると言えそうです。

因子分析 No.22

図表22-2 ある企業の化粧品に関する因子分析

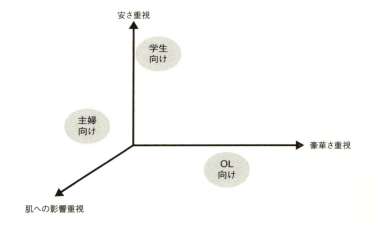

コツ・留意点

1 因子分析を実際に行うのは専門のマーケターであったり、（彼らが依頼した）プロの調査会社というケースが多いです。一般のビジネスパーソンであれば自分で手を動かして数字の導出を行う必要性はそこまで高くありません。ただし、意思決定をする際にそのチャートや分析数値を見せられることがあるので、せめてどういう意味なのかを正しく理解しておくことが必要です。なお、因子分析はもともと心理学の分析として発展した歴史などもあるため、組織やモチベーションに関する調査などでも多用されます。そうした意味からも、ビジネスリーダーとしては、読み方程度は理解しておく必要があります。

2 本文中にも述べたように、因子そのものは実体のあるものではなく、あくまで逆算によって導き出された架空のものにすぎません。ところが、いったん仮説を置いて分析し、それに名前をつけると、あたかもそれが実際に存在するような錯覚に陥るものです。調査をまたやり直すと、以前の因子が説明できなくなることもあります。因子は便利ではありますが、あくまで仮説的な要素と割り切って理解しておくのが実務的です。

23 クラスター分析

異なる性質のものが混ざり合っている中から、データに基づいて類似性の高いものを集めてグループを作り、分析する手法。セグメンテーションやポジショニングなどの際に用いられる。

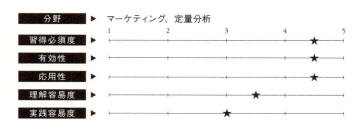

基礎を学ぶ

活用すべき場面
- セグメンテーション、ターゲティング、ポジショニングのヒントを得る
- ブランドのカテゴライズを行う

考え方

クラスターとは塊のことを指します。クラスター分析とは文字通り、定量的な数字の分析により、ある集団(顧客や製品など)を似ているもの同士を近く、異なっているもの同士を遠くに位置付ける分析手法です。

たとえば顧客の選好度をクラスター分析することによって、売り手視点ではなく、顧客の視点に立ったセグメンテーションやポジショニングのヒントを得ることができます。

クラスター分析は、一般のビジネスパーソンが自分で行うことはあまりなく、一般には専門のマーケティングリサーチ会社などが行

クラスター分析 No.23

図表23-1 クラスター分析のイメージ

非階層クラスター分析

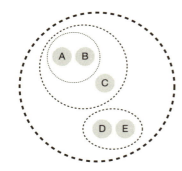

階層クラスター分析

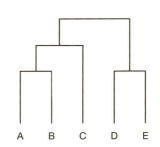

います。ビジネスパーソンとしては、その見方を理解しておけば一般には十分です。

クラスター分析には、非階層クラスター分析と階層クラスター分析があります。階層クラスター分析では、樹形図（デンドログラム）というツリー様の図表を用いて、クラスター間の距離などを視覚的に示します。

図表23-1 に非階層クラスター分析と階層クラスター分析のイメージを示しました。クラスター分析で重要なのは、そもそもどのようなクラスターがあるかという点と、クラスター間の距離（遠さ）です。クラスター間の距離を求める方法には、ウォード法や群平均法、最短距離法などがありますが、数学的素養がないと理解が難しいため、ここでは説明は割愛します。

一般の方であれば、ビジュアル化されたチャートで、距離が遠いほど、かけ離れた集団であると理解しておけばいいでしょう。2016年6月現在の政党で比喩的に言えば、**図表23-1** のAは自民党、B

は大阪維新の会、Cは民進党、Dは社民党、Eは共産党と思っていただければイメージが湧くかもしれません（実際には、民進党と社民党はもう少し近く、共産党と社民党はもっと離れているかもしれませんが、あくまで類似の比喩と考えてください）。

　階層クラスター分析は、クラスターの数が少ない時には、構造も分かりやすいためよく用いられます。しかし実務的にはクラスターの数が増すにつれ、それを2次元的なデンドログラムで表現しようとするとどんどん難しくなりますし、また実際の計算が非常に複雑になるという弱点を抱えています。

　そこで、クラスターの数が数十個になるような場合は非階層クラスター分析の方を用いるのが一般的です。非階層クラスター分析は多数のサンプルを処理する際には有効ですが、いくつのクラスターに分けるかを分析者が設定する必要があるなど、また別の難しさがあるため、分析者の経験やセンスが問われることになります。

　もしマーケティングリサーチ会社に見せられた非階層クラスター分析が分かりにくいようなら、それはひょっとすると先方の分析者のスキル不足の可能性もあるので注意が必要です。

事例で確認

　図表23-2 は、あるビジネス出版社のヒット書籍についてクラスター分析を行ったものです。他にもいくつかの候補軸がありましたが、「実用度」という軸と「難易度」という軸で2次元に展開すると、大きく4つのクラスターに分かれることが判明しました。

　この出版社が意図してこうした書籍を出しているのだとしたらそれはそれでいいかもしれません。しかし、たとえば左上の象限（理論本など）にリソースを割いて多数出しているにもかかわらず、販売状況がこれだとしたら、何らかの方針転換が必要でしょう。

クラスター分析 No.23

図表23-2 クラスター分析の例：ビジネス出版社のヒット書籍例

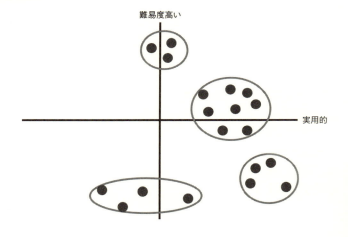

コツ・留意点

1 クラスター分析は、前項で説明した因子分析とあわせてセグメンテーションの設定などによく用いられることがあります。しかし分析としては一見説得力のある結果は出るものの、いざそれを実務で用いようとするとあまり役に立たない示唆しかないことがあるので注意が必要です。たとえば、「一見おとなしめな一方で、実は社会問題に大きな関心を寄せ、それでいてオシャレにも感度が高い2～30代の女性がメインターゲットだ」などと言われたとしても、「どうやってそんなセグメントを見つけ出してアプローチすればいいの？　そんな人ってどこにいるの？」と現場レベルでは困ってしまうかもしれません。実務に役に立つ示唆になっているのかをしっかり確認することが重要です。

2 上記の話とも連関しますが、仮に何らかのクラスターが得られたとしても、獲得コストや収益性、ロイヤルティ構築可能性など、企業にとって重要な指標に貢献しないのであれば、そのセグメンテーションの意味は少なくなってしまいます。効果的にキャッシュを得るというマーケティングの基本を忘れないようにしましょう。

24 ポジショニング／パーセプション分析

顧客の頭に植え付けたいポジショニングが、実際に顧客にそのように認知されているかを知る分析。

基礎を学ぶ

活用すべき場面

- ポジショニングの再設定（リポジショニング）を行う際のヒントとする
- 自社製品の競争力の変化の原因を探る

考え方

ポジショニングとは、顧客の頭の中に価値のあるユニークなイメージを構築することです。一般には顧客に訴求したいポイントに関連する軸を2つ取り、2次元マップで自社が有利な位置に来るように工夫します。

図表24-1左側の図の例では、「安い」「オシャレ」というトレードオフになりがちな2つの要素をライバルよりも優位な位置で両立することが元々の狙いでした。

しかし、実際に発売後に顧客の認知（パーセプション）を調べてみたところ、**図表24-1**右図のような状況であったとします。想定

ポジショニング／パーセプション分析 No.24

図表24-1 ポジショニング／パーセプション分析

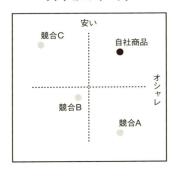

していた認知は実現できておらず、特に「オシャレ」の軸で大きく後れをとっていることが分かります。安さについても、当初想定していたよりもやや低い場所に来ています。

特に競合Cに比べると、「高くてダサい」という位置に認識されていることが分かります。仮に自社から見たときに最大の競合をCと想定しているのであれば、最悪の結果になったと言わざるを得ません。

原因に関してはさらなる調査が必要ですが、
- 広告表現が不適切であった
- 商品設計が不適切であった
- チャネルでの売られ方に問題があった

などの原因が考えられます。いずれにせよ、このままでは良い業績は望めませんので、問題を突き止めた上で素早いトラブルシューティングが望まれるところです。

なお、想定していたポジショニングと現実のパーセプションの乖

離は、自社の施策のみが原因で発生するわけではありません。たとえば、自社の動きを脅威に感じた競合が広告等にテコ入れをし、自社よりも優位な立場に立とうとする場合にも、結果として似たような状況が起こってしまう可能性があります。

ライバルの動きは制約できませんし、そもそもビジネスは相手よりもいいポジションを顧客の頭の中に築く競争でもありますので、常にパーセプションは変化するという前提のもとにマーケティング戦略を考える必要があります。

なお、**図表24-1**は同じ軸の2次元マップ上での位置の差を示しましたが、実際には、競合に全く別の有効な競争軸を打ちだされ、その軸の中で顧客がパーセプションを持つ場合があります。そうした場合にも、自社の相対的な位置は下がってしまいます。たとえば、77ページでも紹介したiPodは「保存できる曲数が多い」「すぐにダウンロードできる」「ユーザーインターフェイスが抜群」などといった新しい競争軸を打ち出し、その他の携帯音楽プレーヤーを一気に好ましくない位置に突き落としてしまったのです。

事例で確認

図表24-2はJリーグの例です。もともと強く地域密着を打ち出し、また（どこまで意図していたかは微妙ですが）応援スタイルも含めて若々しいイメージが90年代半ばのリーグ設立当初にはありました。

しかし、その後、プロ野球球団も、特にパ・リーグ球団を中心に地域密着を進めました。一方で、Jリーグは急速にファンが高齢化し、応援などもややマンネリ化してきたことから若々しさも感じにくくなってきました。この2軸に関して言えば、プロ野球との差は大きく縮まったと言えるでしょう。Jリーグがどのような新しい差別化軸を打ち出すかは非常に興味深いところです。

ポジショニング/パーセプション分析 No.24

図表24-2 Jリーグの例

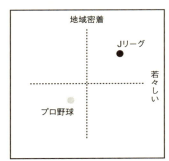
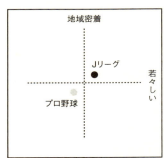

コツ・留意点

1 ポジショニングは、いわゆるSTP-4P(セグメンテーション - ターゲティング - ポジショニング - マーケティング・ミックス(4P))の背骨とも言える大事な営みです。その一方で、実際に自社が潜在顧客にどのように認知されているのかをしっかり定点観測している企業は多くありません。つまり、計画段階ではポジショニングを考えるものの、そのポジショニングが相変わらず有効に機能しているかということに多くの企業は無頓着なのです。競合は常に新しい差別化イメージを打ち出すことで、自社の相対的な優位性を下げるように戦いを挑んでくるものです。売上げが急減してからでは遅いと言えます。一定の頻度で、自社のパーセプションがどうなっているかはちゃんと把握しておきましょう。

2 実務的にパーセプションを確認する際には、最初に設定した軸に関する評価だけを聞くのではなく、その他にも、「こう認知されているかもしれない」という可能性のある軸についても仮説を持ちながら聞いておくといいでしょう。また、アンケートであれば、自由記入欄を設けておくと、思わぬ認知のされ方に気づくことがあります。

25 RFM分析

Recency（直近性「直近の購入日」）、Frequency（頻繁性「一定期間に購入する頻度」）、Monetary（富裕性「一定期間内や1回当たりの購入金額」）で顧客を切り分ける分析手法。

基礎を学ぶ

活用すべき場面
- メインターゲットとする重要顧客を見定める
- 自社の顧客の現状を知ることで、テコ入れすべき顧客層を見極める

考え方

　RFM分析は、既存顧客に関する分析であり、顧客維持型マーケティングの基本となる分析手法です。冒頭に示した3つの指標を用いて、それぞれの重要度に見合ったウェイト付けをしながら顧客のランク付けや優先順位付けを行い、働きかけ方を考えたりしていきます。

　言うまでもなく、あらゆる顧客に同じ経営資源を投入するのは有効ではありません。一般的には、ロイヤルティの高い顧客の方が売上げを上げやすいものです。そうしたマーケティング施策に関するヒントを得るのがRFM分析です。

RFM分析 No.25

図表25-1 RFM分析による顧客のタイピング

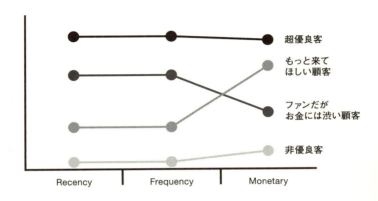

　これらの情報に関しては、ネットビジネスであればほぼ自動的に手に入りますが、リアルのビジネスでも、ポイントカードなどを利用すると簡単に入手することができます。これはワン・トゥ・ワン・マーケティングも可能にするため非常に有効です。

　一般の消費財などでは、個々人に関してそこまで細かい購買情報をとるのは難しいですが、大まかな傾向を知るだけであれば、WEBアンケートや店頭アンケートを活用することで、ある程度の感覚値は掴むことができます。

　図表25-1は4種類の顧客を表した図ですが、114ページで説明したクラスター分析と組み合わせることで、多数の顧客をもっと多くのクラスターに分類することも可能です。

　RFMの各指標の比重は、自社の製品特性に合った形にするのがセオリーです。通常、日用雑貨などのコモディティを主に取り扱っている店舗では購入頻度にウェイトを置き、貴金属や家電製品は購入金額にウェイトを置くことがよいとされます。

売り場によって最終購入日の評価期間が異なることもあります。たとえば百貨店の食品売り場は毎月、衣料品売り場は数カ月、宝石など高額製品の売り場は数年というように、購買実態に合わせて期間を設定することも重要です。

　RFM分析は3つの指標を関連付けながら分析するとよいとされますが、状況によっては各指標単独で用いれば十分というケースもあるので、分析目標に合わせながら適宜、複数を組み合わせて分析することが必要です。

　また、場合によっては、RFMに別の要素を組み合わせて分析することもあります。その一例は、店舗ビジネスの場合であれば距離（Distance）です。自宅からの距離が遠いにもかかわらず、RMFすべてが高い顧客は非常に強いファンであると言えるでしょう。逆に、すぐ隣に住んでいながらRFMすべてが低い非優良顧客は、ある意味、取り漏らしていてもったいない顧客とも言えますので、店舗に来てもらうために何らかの施策を打ちたいものです。

事例で確認

　図表25-2はあるスーパー兼ドラッグストアに関して、RとFを取り出しマトリクスを作り、簡便的にクラスタリングをした上で、どのような施策を行うべきかを検討したものです。

　右上のクラスターは常連客ですので、ポイント優待などを行うことで、離反されないことが特に重要です。

　気になるのは左上の、本来Fが高かったのに、3週間以上来ていない顧客でしょう。このまま離反されると経営上のインパクトは小さくありません。場合によっては潜在的な不満などを調べるためにアンケートを送付したり、メール等で直接声を聞いたりすることも検討すべきかもしれません。

RFM分析 No.25

図表25-2 RFM 分析と対策の例

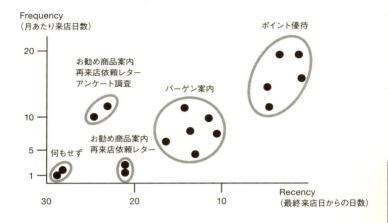

コツ・留意点

1 RFM 分析で錯覚しがちな点は、顧客を選別することを、上位顧客を優遇し、下位顧客を切り捨てよという意味と考えてしまうことです。もちろん、それが趣旨ではありません。セグメントごとに企業と顧客との関係の深さが異なるので、それぞれ違ったアプローチで働きかける必要があるということです。たとえば、下位顧客には購入機会を増やすための施策、中位顧客には購入頻度や購入金額を増やすための施策、上位顧客には顧客内シェア等をさらに高めるための施策を用意した方が、全員に全く同じ施策を打つよりも有効ということです。

2 RFM 分析は単純な分析であり、「何を買ったか」までは把握しないのが一般です。しかしそれではきめ細かな提案はできません。近年はデータ解析技術やインターネットによるコミュニケーションの進化もあり、実際に購入した商品の特性に基づきながら、さらなる提案（リコメンデーション）を行うことが増えてきています。たとえば、数年前に使い捨てオムツを買った人に対して、子どもの成長に合わせて文房具やお菓子等をリコメンドするなどです。

26 顧客ロイヤルティ分析

自社の収益性にとって大きな意味を持つロイヤルティの高い顧客がどの程度いるかを調べる分析。

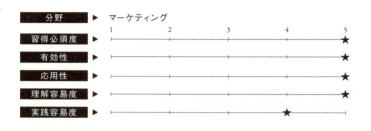

基礎を学ぶ

活用すべき場面
- 顧客の満足度やロイヤルティを調べ、不十分な個所を見出すことで問題解決に活かす
- 他の分析と組み合わせることで、自社の製品・サービスにおいてどのくらいのロイヤルティが必要なのかを再確認する

考え方
　一般に、ロイヤルティの高い顧客は、そうでない顧客よりも企業に大きな利益をもたらすことが実証研究などからも知られています。理由としては以下のようなものが挙げられます。

● 購買・残高増利益

　その製品の価値に満足している顧客は、1年目よりは2年目、そして2年目よりは3年目というように利用の度合いが増す傾向があります。5年目には1年目の2倍以上の購入額になるとの調査結果もあります。

顧客ロイヤルティ分析 No.26

図表26-1 顧客ロイヤルティ分析

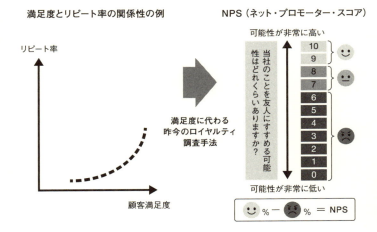

● 営業費削減利益

既存顧客の維持にかかる営業コストは、認知してもらうところから始める新規顧客獲得のコストに比べて少なくなります。特にロイヤルティの高い顧客ではその傾向が強くなります。

● 紹介利益

ロイヤルティの高い顧客は、自発的に周囲の人にその製品の宣伝や推奨をします。いわゆるクチコミです。製品が高価になるにつれ、あるいは購買者にとっての重要度が増すにつれ、クチコミの効果は大きくなると言われています。

● 価格プレミアム利益

自社のサービスを長く利用し、ロイヤルティを感じている顧客は、値引き要求も少なくなりますし、高価格を提示することも容易になります。

では、この顧客ロイヤルティはどのように測定すればいいのでしょうか？

簡便法は、顧客アンケートで満足度調査を行うものです。商材にもよりますが、一般には、**図表26-1**の左図で示したように、満足度が高くなるほどリピート率が上がっていきます。リピート率を調べるのは手間暇がかかるため、満足度をアンケートなどで調べるという分析は簡便法としては優れています。

ただし、他の競合のサービスが何らかの理由で受けにくい場合は、満足度が低くてもリピート率は高くなってしまいます（極端な例としては、孤島の医院や理髪店など）。つまり、顧客満足度が顧客ロイヤルティに直結していないのです。

こうした落とし穴を避けるための調査ツールが、NPS（ネット・プロモーター・スコア）です。この調査では、**図表26-1**の右図に示したように、「当社のことを友達に勧める可能性はどれくらいありますか？」と聞きます。そして、9点以上をつけた推奨者の比率から、6点以下をつけた批判者の比率を引き、NPSを算出します。実証研究からも、単純な満足度調査より、ダイレクトに顧客ロイヤルティに連関するとされ、近年、よく用いられるようになってきています。NPSはマイナス100から100ポイントまでの数字をとります。

事例で確認

NPSはそのままの数字だけを、たとえば時系列で計測し、定性的なコメントと絡めて分析するだけでも大きなヒントが得られますが、製品ライン間比較、あるいは競合と比較するとさらに多面的な示唆が得られます。

図表26-2は実際に企業ごとにNPSと成長率の相関を見たものです。大きな顧客ロイヤルティを実現している企業がより高い成長率を実現していることが見てとれます。もし自社が低位の企業であれば直ちに何らかの改善が必要なことがわかります。

顧客ロイヤルティ分析 No.26

図表26-2 NPSと成長率の分析例

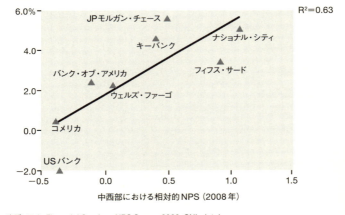

中西部における預金残高の有機的成長（2001〜07年）

出所：Bain Financial Services NPS Survey 2008, SNL database.

コツ・留意点

1 NPSは非常に役に立つ数字ではありますが、数字だけをとっても改善ポイントはなかなか分からないことが多いため、通常は推奨する（あるいは推奨しない）理由を同時に聞きます。たとえば、「弊社のサービスをご友人に勧める可能性はどれくらいありますか？　それはなぜですか？　どのような点が改善されれば、ご友人に当社のサービスを推薦されますか？」といった質問をするわけです。この際、自由記入ではなく、予め項目を設ける場合があります。ただし、このやり方は、顧客の面倒を省ける半面、仮説として思いつかなかった問題点に関しては見逃してしまう可能性があるので注意が必要です。

2 NPSにも弱点があります。その1つは、営業担当者が顧客に対して「NPSの調査が来たら高い点数をつけてください」とお願いするというものです。顧客が大きな不満を抱いていない場合、あえてそのお願いを聞かないのも人間関係上トラブルになると考えるようなケースでは、本当は8点と思っていても、9点をつけたりすることがあります。厳密を期すなら、NPSだけではなく、リピート率や経年売上げも測定する方が正確と言えるでしょう。

27 CE/CS分析

顧客満足度（CS）と顧客の期待度（CE）をマトリクスにして改善点を分析する手法。バリュー分析とも言う。

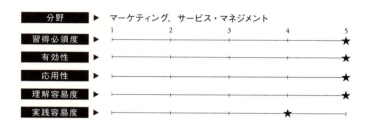

基礎を学ぶ

活用すべき場面
- 顧客が満足していない改善点を探る
- 自社の強みと弱みを知る
- 品質過剰な個所がないかを知る

考え方

　CE/CS分析とは、企業の製品・サービスのさまざまな構成要素について、顧客満足度（CS）と顧客の期待度（CE）でマトリクスを作り、図表27-1に示した方針で改善を行ったりするための分析です。

　なお本来、CSはCEを上回った時に実現するものであり、その意味でこの2つの軸は独立ではありません。それゆえ、何らかのアクションを起こすと、両方の点数に影響が出る可能性がある点に注意が必要です。

　CE/CS分析のスコアは通常はアンケートによって集め、集計し

CE/CS 分析　No.27

図表27-1　CE/CS 分析

ます。たとえばホテルであれば、客室の清潔さ、アメニティ、接客態度、食事の美味しさ、レストランのオペレーションの良さ、立地等について CE と実際に利用して感じた CS を点数化して記入してもらいます。

図表27-1で点線を何点の位置に引くかは商材の特性や過去の推移などを見ながら決定することが多いのですが、通常は NPS やリピート率に悪影響が出る4点あたりを境目とすることが多いようです（ちなみに、科学的なホテル経営で有名な星野リゾートでは、顧客満足度がマイナス3点から3点までの6点の幅の中で、2.5点を下回ると「要改善」になるといいます。これは通常の1点から5点のスケールに直すと4.7点程度となり、非常に高い位置に線を引いていることがわかります）。

図表27-1で最も要注意となるのは右下の「CE 高／CS 低」の象限です。顧客が高い満足度を期待しているにもかかわらず、それが実現できていないからです。

とは言え、その項目が経営上、あまり重要な項目でないのなら、仮にこの象限に入ったからといって緊急対応までは不要です。CE/CSのマトリクスは重要度や緊急度（26ページ参照）といった要素が入っておらず、あらゆる項目が同じ重みで見えてしまう点には注意すべきといえるでしょう。

図表27-1で左上の象限についても注意が必要です。一見、競争力があることを示していそうにも見えますが、見方を変えれば顧客が重視しないものに関して必要以上に高スペックになっているとも言えます。往々にして日本企業は品質第一を謳い文句にすることが多く、満遍なく品質を追求しがちですが、それは時としてコスト高を招いてしまいます。もし現状も潜在的にも顧客の期待値が高くないのであれば、「そこそこのレベル」にまで下げることでコストカットを図るのも1つの方法です。

一方で、その要素が重要であることを顧客に訴求するという方法もあります。ホテルの例で言えば、通常は一定のレベル以上は求められない「カーテンの厚み」をことさら前面に打ち出し、眠りやすいなどの便益を訴求するのです。いずれにせよ、戦略的な対応が求められる象限と言えるでしょう。

事例で確認

あるレストランでCE/CS分析を行ったのが**図表27-2**です。気になる右下の象限に入ったのはメニュー数とトイレの快適さでした。メニュー数については、料理の美味しさとトレードオフの関係になることもあるため、どこまで充実させるかは難しい判断です。

一方、トイレの快適さは、特に女性客を取り込む上で重要であり、他の要素への悪影響もあまりなさそうです。予算も限定的でしょうから、すぐに対応すべきと言えるでしょう。

CE/CS 分析 No.27

図表27-2 あるレストランの CE/CS 分析の例

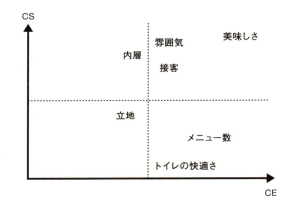

コツ・留意点

1 本文中にも述べたように、CE/CS のマトリクスに上がってくる要素は、一般には重要度などはつけられていません。それゆえ、どの項目について CE/CS 分析を行うかを、アンケート設計の段階でしっかり練り込んでおく必要があります。実務的には、いきなりこの分析を行うことは少なく、事前に顧客満足度や NPS に関する分析を行い、その際にフリーコメントで「善い点」「悪い点」などを書いてもらいます。それを参考にしながら項目のリストアップをし、点数付けしてもらうと大きな見落としもなくなるため効果的です。

2 CE/CS の横軸の顧客の期待値は、企業の働きかけによってある程度はコントロールできる点を理解しておく必要があります。広告などで過剰にある項目を宣伝することは、いたずらに期待値を高めてしまうことになるため、注意が必要です。顧客の期待値をしっかりコントロールした上で、それを上回りさえすれば、ある程度の満足度は得られるという点を常に意識してください。もちろん、満足度を形成するのは、自社の働きかけだけではなく、競合のサービスレベルなどもあるため、完全なコントロールは不可能ですが、それでも CE に働きかける意識を持つことが重要です。

28 アトリビューション分析

ネットマーケティングにおいて、最終コンバージョンに至るまでのメディアごとの貢献度を調べる分析。

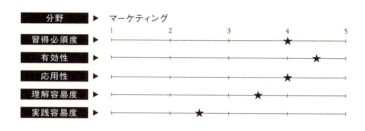

基礎を学ぶ

活用すべき場面

- ネット上でどのように広告を出すことがコンバージョンのために最適かを知る
- 無駄な広告を削減する
- ネットでの人々の行動パターンを知り、マーケティングのヒントとする

考え方

アトリビューション（Attribution）はもともと、「帰属」などの意味を持つ言葉です。アトリビューション分析が市民権を得る2010年前後までは、ネット広告では、一般には最終コンバージョンの直前のクリック（ラストクリック）のみを評価するのが一般的でした。

そうするとどのようなことが起きるかというと、最後のクリック直前の媒体のみの比較に終始し、そこのコンバージョン率が最も高い媒体に広告費を使おうということになります。

アトリビューション分析 No.28

図表28-1 アトリビューション分析

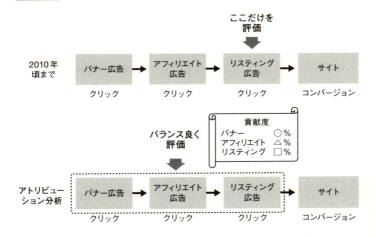

　一般に、そのような広告はリスティング広告です。リスティング広告とは、ユーザーが検索したキーワードに連動して表示される広告で、検索連動型広告とも呼ばれます（検索の順番を高める地道な活動である SEO：Search Engine Optimization とは異なり、お金で順位が買えるという点が重要です）。

　ネットを使う際に「検索する」という活動は基本中の基本であることに加え、まさにすぐに購買行動に移す層が一定数いること、さらにリスティング広告ではキーワード単位で出稿ができることから、非常に重宝されています。

　このように重宝されるリスティング広告ではありますが、**図表28-1** の流れを見た際に、この部分のみを効率化することが広告全体を効率化することとイコールかと言われたら、答えはやはりノーでしょう。どのような経路を経てそのリスティング広告にたどり着いたのかがよく分からないからです。

　途中のバナー広告なども適切に評価し、一連の広告の流れに最適

に広告費を配分することが最終的なコンバージョン数を上げるというのがアトリビューション分析の考え方です。

アトリビューション分析は、自社内でもある程度ITやネットマーケティングに詳しい人間がいれば、専用のソフトなどを用いて実施できなくはありません。しかし、多くの企業ではリサーチ会社などの第三者に依頼してこれを行います。費用対効果の問題もありますが、その会社のノウハウも併せて買うという発想からです。

ポイントとなるのはアトリビューションのモデル化とアトリビューション・スコアです。詳細はここでは割愛しますが、この部分にリサーチ会社のノウハウがあり、これらを用いることで最終的な各メディアの貢献を知ることができます。

また、アトリビューション分析に関するキーワードとして、ビュースルー・コンバージョンは覚えておきましょう。これは、そのバナーが出た時点ではクリックしなくても、一定期間内（通常は30日）に別のルートからコンバージョンに至った比率です。つまり、当然のことではありますが、ビューに至った段階で一定の広告価値が生じているという考え方を反映しているのです。

事例で確認

アトリビューション分析の結果をどう見せるかについては、リサーチ会社ごとにフォーマットが異なるため、一概には言えません。

ただし、以下のポイントは留意してください。

● 用語の説明などがしっかりされているか

● 具体的な提案がなされているか

● その根拠は明確でロジックが通っているか

結果を鵜呑みにするのではなく、ある程度は議論できるよう基礎知識をつけておくことが望ましいのは言うまでもありません。

アトリビューション分析 No.28

図表28-2 アトリビューション分析の分析結果例の一部

最終訪問ルート	アトリビューション スコア	最終クリック CPA	アトリビューション CPA
リスティング	10000	10000	5000
バナー	500	5000	2500

注) CPAは顧客1人当たり獲得コスト：Cost per Acquisition

コツ・留意点

1 アトリビューション分析はかなり専門性が高い分析であり、リサーチ会社に依頼することの多い分析の1つでもあります。そこでよくある失敗は、精緻な分析をしようと過剰投資をしてしまうというものです。たとえば測定のためのインフラ投資にも、それを正確に行おうとするとかなりの金額が必要になりますし、分析そのものも、精緻な分析をしようとすればするほど必要な工数は上がり、コストも増します。しかし、一般には、そこまで分析の精度を増したとしても、かえって専門家以外のビジネスパーソンには分かりにくいアウトプットとなり、混乱してしまうものです。また、なかには、高額なサービスを売ろうとする業者も少なからずいます。そうした業者を峻別するのは容易ではありませんが、常日頃から口コミなどを集め、信用できるリサーチ会社を選ぶことが、実務的には最も重要なポイントと言えます。

2 アトリビューション分析に限らず必要なことですが、分析結果を施策に活かしたら、必ずそのモニタリングを行ってPDCAを回すようにしましょう。この手の分析が1回きりで済むことは滅多にありません。顧客の動きはすぐに変わります。予算にもよりますが、適宜の軌道修正が大事なのです。

29 ファネル分析

ユーザーの利用段階をプロセスに分けて、どの段階でユーザーが脱落しているかを知る分析。

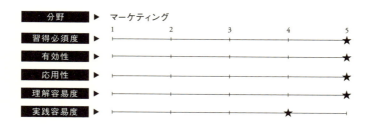

基礎を学ぶ

活用すべき場面
- ユーザーの離反段階を特定し、そこに対して対策を練ることで、アクティブ・ユーザーを増やす
- セールス活動において、見込み顧客をどこで取りこぼしているかを特定し、対策を練ることで最終的な成約率を上げる

考え方

ファネルは漏斗のことを指す英語です。マーケティングやセールスのプロセスにおいて、顧客や見込み顧客がプロセスを経るにしたがってどんどん減っていく状況を可視化し、対策が必要な個所を特定します。

ファネル分析のチャートは、**図表29-1**左図のように単純な棒グラフを用いることもありますが、右図のようにまさにファネル（漏斗）のような形で表現することもあります。基本的にはどちらを用いても構いませんが、右図の方がファネルという言葉の印象とは合

ファネル分析 No.29

図表29-1 ファネル分析

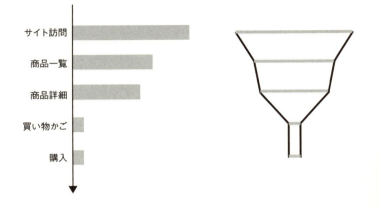

致していると言えます。

　ファネル分析は、46ページで解説した、プロセス×ウォーターフォールチャート分析と本質的には同じ分析手法でもあります。つまり、当然、**図表8-1**のような形で表現することも可能です。

　ただし、プロセス×ウォーターフォールチャート分析が、オペレーション・マネジメントなど広く応用可能なのに対し、通常、ファネル分析はマーケティングやセールスの分析手法として言及されるのが一般的です。

　ファネル分析は、**図表29-1**のようにオリジナルにプロセスを設定することも可能ですが、顧客変容プロセスのAIDA（Attention-Interest-Desire-Action）やAMTUL（Awareness-Memory-Trial-Usage-Loyalty）、AISAS（Attention-Interest-Search-Action-Share）など、すでによく知られているフレームワークを用いることも少なくありません。

　ファネル分析は、古くからセールス分野では、見込み顧客が最終

成約に至るまでの分析として用いられてきましたが、近年、再びよく用いられるようになってきた背景として、ネットビジネスが盛んになり、顧客の購買履歴がとりやすくなったことがあります。たとえば**図表29-1**のようなデータが簡単に入手できるようになったことが、ファネル分析の重要性やそれをしっかり行うことの効用を再度認識させたと言えます。

　近年ではグロースハック（製品開発とプロモーションを融合し、成長の仕組みを内在化させるやり方）などの手法も盛んですが、そこでは AARRR（Acquisition-Activation-Retention-Referral-Revenue）といったネット時代ならではの顧客の行動プロセスも提唱されています。

　なお、かつては最終購買までのファネルを設定することが多かったのですが、特にネットビジネスでは AISAS モデルに代表されるように、共有や推薦といった行動に着目し、それによってファネルそのものがどんどん横に拡大していくことを重視します。購買までのファネルと、他者に影響を与えるファネルをまとめてダブルファネルと呼びます。

事例で確認

　図表29-2はあるスマホアプリのファネル分析です。厳密には、他の類似アプリとの比較なども必要ですが、この図からだけでも、
- 会員登録率が低い
- 翌日再訪率が低い
- 1カ月後継続利用率が低い

といった問題が指摘できます。特に、翌日再訪率も1カ月後継続利用率も低いことからは、アプリそのものの魅力度が低い、あるいはインターフェイスがよくないなどの問題が考えられそうです。

ファネル分析 No.29

図表29-2 スマホアプリファネル分析の例

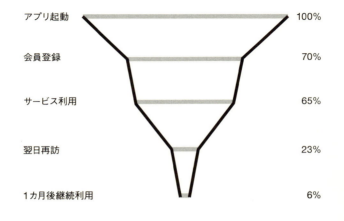

- アプリ起動　100%
- 会員登録　70%
- サービス利用　65%
- 翌日再訪　23%
- 1カ月後継続利用　6%

コツ・留意点

1 ファネル分析では、顧客の行動プロセスを適切に設定することが非常に大事になります。たとえば、認知90%、購買意向12%、購買6%という分析結果があったとします。認知から購買意向を持つまでに大きな取り漏らしがあることは明確ではありますが、認知と購買意向ではあまりに顧客行動変容の距離が離れているため、これでは適切なアクションがなかなかとれません。仮に（認知と購買意向の間に入る）興味が75%のケースと、興味が25%のケースでは、全く取るべきアクションが変わってきます。前者では製品そのものや価格設定などが不適切な可能性が高いのに対し、後者では関心を持ってもらうためのコミュニケーションに問題がある可能性が高いのです。具体的なアクションがとれるような適切な刻みを意識してください。

2 ファネル分析は、通常、一番最初のプロセスを100%として分析します。これはこれで分かりやすい方法ではありますが、往々にして最初の段階の実数（見込み顧客数など）を忘れさせがちです。比率と実数をバランスよく見ていくことが大事です。

30 顧客インサイト分析

顧客自身も気がついていないような深層心理、本音を探りだし、購買行動につなげるための分析。

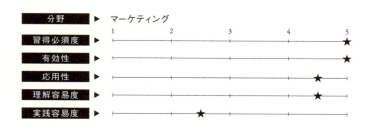

基礎を学ぶ

活用すべき場面
- 満たされていないニーズを見つけ、製品開発に活かす
- 効果的なポジショニングやマーケティング・ミックスの立案を行う

考え方

　顧客インサイト（消費者インサイトとも言います）とは、顧客自身も気がついていないような深層心理、本音のことです。ただし、あらゆる深層心理が顧客インサイトというわけではありません。マーケティングの文脈では、深層心理のうち、顧客の購買に結び付くトリガーあるいは駆動力となるものを指して顧客インサイトと呼びます。

　顧客インサイトで有名なのは、サントリーが緑茶「伊右衛門」を開発した時の例です。サントリーはユーザーにさまざまな質問を行うことで、「緑茶とは、長い歴史と伝統を重ねてきた日本人にとって、日本的スローライフに戻ることができる唯一の飲み物なので

顧客インサイト分析 No.30

図表30-1 顧客インサイト分析のイメージ

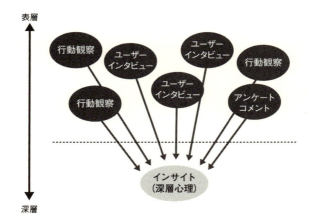

す。お茶の本質的価値とは、日本的スローライフに戻ることができる唯一の飲みものであることなのです。お茶の本質的価値とは、日本的スローライフを五感で感じられること」(『なぜ、伊右衛門は売れたのか』峰如之介著)というインサイトを探り当てたのです。

そして徹底的にそれを体現するような「お茶らしいお茶」を開発しました。また、本木雅弘と宮沢りえが夫婦役を演じている古風なCMは「日本人の理想の夫婦像」を表しています。発見した顧客インサイトを軸に、それにマーケティング・ミックスなどを整合させていったのです。

インサイトは、**図表30-1**に示したように、一般的にはユーザーインタビュー（特にデプスインタビュー）や行動観察によって行います。

インタビューでは特に、聞き方に注意する必要があります。たとえば、お茶の例であれば、「あなたはお茶に何を求めますか？」とダイレクトに聞いてもなかなか本音は出てきません。

伊右衛門のケースでは、「今日から一年間、急須で淹れたお茶を一切飲んではいけないという法案が可決されそうです。あなたは国民の代表として、緑茶を飲み続けることができるように反論しなければなりません。どのように反論しますか？」との質問をぶつけることで、人々がお茶に抱いている本音をあぶり出していったということです。

　その他にも、「○○を動物に例えたら何ですか？」「◇◇を有名人に例えると誰ですか？」などと「変化球」的な質問をし、その答えを分析していくと、人々の本音が見えてくることがあります。「△△のイメージを絵に描いてください」など、ビジュアルにして描いてもらうなどの手法を用いる場合もあります。

　行動観察もインサイトを知る上で有効です。特に、意外な行動、予想外の行動などを発見し、その理由をインタビューで確認すると面白い発見が得られることが多いとされます。

事例で確認

　図表30-2は筆者が実際に（美容）整形に関して複数の30代女性にインタビューを行ったものです。質問項目はシンプルに、「整形をするのはどんな人？」と「整形から連想する言葉は？」としました。

　このインタビューから分かることは、美容整形は、日本では一般の人々が行うものではない、特殊な行為であるということです。

　可能であれば、人々の認知を「特殊な人のための、特殊な目的に基づく、リスキーな行為」から、「身近な、健全で安全な行為」「オシャレの延長」に変えたいところです。

　一朝一夕にこの本音を変えることはできないでしょうが、より一般に普及させたいなら、ライトな整形やプチ整形などをまず普及させ、徐々に「罪悪感」を減らすような施策が効果的かもしれません。

顧客インサイト分析 No.30

図表30-2 「整形」に関する顧客インサイト

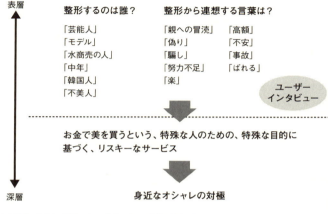

注) 本図表はあくまで例示であり、特定の人々の行動の是非を問うものではありません

コツ・留意点

1 顧客インサイト分析は近年非常に脚光を浴びており、また成功例も生み出している分析手法ですが、さまざまな分析の中でも非常に属人性が高く、個々人のセンスによる部分が大きい分析とも言われています。あるマーケターの方は、STP-4Pのようなシンプルなフレームワークは鍛えれば8割の人間が使えるようになる一方で、真に本質的なインサイトを探り当てることができるのは、その中でもさらに数分の1という趣旨のことを言われています。「説明されると分かるけど、自分で発見するのは難しい」とも言われます。企業としては、そうしたセンスを持つ人間を早期に峻別し、経験を積ませて育成することが大事と言えそうです。

2 顧客インサイトを発見したからといって、それからすぐに行動に移せるわけではありません。いったん、そのインサイトが本当に顧客に受け入れられるかを確認する検証型の調査などが必要になります。最初に発見されるインサイトはあくまで仮説です。マーケティングを行う上でそれが本当に役に立つのかは、やはりしっかり確認する必要があるのです。

5章

オペレーション編

5 章で学ぶこと

　本章で紹介する項目は３つだけですが、正しく用いると企業の
さまざまな無駄が省けると同時にオペレーションが効率化し、非
常に大きなリターンをもたらします。

　また、これらの分析は、本書ではオペレーション・マネジメン
トの分析ツールとしてご紹介しますが、他の経営領域に応用、援
用することも可能であり、応用性は非常に高いものがあります。
その意味でも、ビジネスリーダーを目指されるのであれば、確実
にマスターしていただきたいものばかりです。

　3M 分析は、無理（ムリ）、無駄（ムダ）、斑（ムラ）がどのくら
い生じているかを正しく把握し、経営資源の有効活用や、作業プ
ロセス改善に用いる分析です。日本発の分析手法でもあり、実際
に、工場の生産現場などにおいて非常に大きなパワーを発揮する
分析ツールと言えます。

　ボトルネック分析は、プロセスのボトルネックを特定し、それ
を解消することによって全体のスループット（流量）を最大化し
ようという分析です。無駄な固定費の削減などにもつながる、さ
まざまな効果をもたらす分析手法です。

　スループット分析は、実際のスループットを測定し、それをさ
らに高めるための分析です。利益を増す場合、多くの人間は往々
にして扱う商品の利益率そのものに注目しがちですが、実はス
ループットを増す方が、トータルとしての利益額アップにも寄与

しますし、相対的に固定費率が下がる結果、全体の利益率も上が
るケースが多いことが知られています。ベストセラーとなった
『ザ・ゴール』（ダイヤモンド社）以来、注目を浴びている分析手
法です。

　本章で紹介する分析ツールは、どれも大きな効果をもたらすも
のばかりです。ぜひしっかり使いこなせるようになりましょう。

31 3M分析

無理（ムリ）、無駄（ムダ）、斑（ムラ）がどのくらい生じているかを把握し、業務改善に活かす分析。

基礎を学ぶ

活用すべき場面
- 業務プロセスの中で負荷と経営資源のバランスが悪いところを特定する
- 経営資源の適正配置を行うことで企業の生産性向上を図る

考え方

3Mはムリ、ムダ、ムラという日本語のローマ字の頭文字から名付けられています。

ムリ（無理）は非常に広い意味を持つ日本語ですが、3M分析の文脈で議論する場合には、業務負荷や達成目標が経営資源の量を越えている場合に用います。

たとえば極端な例ですが、サッカーの日本代表が2030年までにワールドカップで優勝するのはムリと言えます。これを解消するには、経営資源を入れ替える（例：海外の優秀な若手選手をどんどん帰化させる）か、そもそもの目標値を下げることが必要となります。

3M分析 No.31

図表31-1 3M分析

	ムリ	ムダ	ムラ
イメージ	負荷 > 資源	負荷 < 資源	負荷 > 資源 ↕ バラつき 負荷 < 資源

ブレークダウン	具体例		具体例		具体例	
	計画のムリ	……	生産過剰	……	プロセスのムラ	……
	品質のムリ	……	手待ちのムダ	……	品質のムラ	……
	コストのムリ	……	運搬のムダ	……	時間のムラ	……
	納期のムリ	……	加工のムダ	……		
	プロセスのムリ	……	在庫のムダ	……		
	能力のムリ	……	動きのムダ	……		
			不良品のムダ	……		
			調整のムダ	……		

　ムダはその逆で、業務負荷や達成目標に対して経営資源が過剰にある状況です。業務そのものは確かに達成されるかもしれませんが、経営効率はかなり悪いと言えます。

　ムラは、ムリとムダが混在して生じている状況です。部門や時間帯によって生じることが少なくありません。特にサービスの提供と消費が同時に行われるサービス業（例：ホテル、飲食業などが典型）では、繁忙期と閑散期で需要のバラつきが生じるのはある意味当たり前で、ムラを完全になくすことは容易ではありません。

　一般には、まず非効率と思われる仕事やプロセスを**図表31-1**下のような分類でリストアップします（なお、**図表31-1**に示したブレークダウンはあくまでも一例であり、企業によって分類方法や取り扱いのノウハウは異なってきます）。その上で、ECRS（Eliminate-Combine-Rearrange-Simplify：削除、統合、交換、単純化）のフレームワークなどを用い、経営資源の削減を行ったり、プロセスの改善を図ったりします。

ECRS は同時に行うことも可能ですが、一般的には削除すること が最も効果が高いと考えられています。非効率的になっている業務 をいったん**図表31-1**下のようにリストアップできたら、その中で 削除できるものがないかをまず考えることが有効ということです。

突き詰めれば、ムリもムダもムラもすべて過剰を含んでいるた め、どこかを削減することは必ずできるものです。まずはそこから 着手するのが現実的ということです。

3M 分析を行う際には、同時に業務のフローチャートなどを描き、 業務の流れを可視化しておくことが効果的です。皆が共通の理解を 持ってどの部分の議論をしているかが分かりやすくなるからです。

ただし、最初から細かすぎるフローチャートを描くことは必ずし も有効ではありません。まずはザクっとした大枠から始め、対策を 練るだけでも一定の効果は得られるものです。詳細をさらに絞る作 業はその後から行う方が実務的にもやりやすいですし、効果も出や すいと言えます。

事例で確認

図表31-2 はある企業のある業務について 3M 分析を行ったもの です。ここではまず、プロセスごとにどのようなムリ、ムダ、ムラ が発生しているかを見ています。ここからすぐに**図表31-1** のよう にブレークダウンすることも可能ですが、**図表31-2** の段階ですで に生産に 3M が集中しており、この部分の改善が重要であろうこと が見てとれます。

この時、それぞれを単独に見るのではなく、相互に関係しあって いないかを見ておくと、より効果的な対策が打ちやすくなります。 たとえば、営業の書類処理の時間は、生産の特注品の多さと関係が あるかもしれない、などです。

3M 分析 No.31

図表31-2 3M 分析の例

	ムリ	ムダ	ムラ
開発	• 特許の目標が高すぎる	• 研究テーマに無意味な ものが多い	
生産		• 仕掛在庫が多い • 部品在庫が多い • 移動に時間を取り過ぎ • 過剰スペックになっている • 特注品が多すぎ	• 繁閑の差が大きい • 品質に若干のばらつき がある
販売		• 書類作成の時間が多い	• 営業リーダーによる バラつきが大きい

コツ・留意点

1 　日常の心がけからムリ、ムダ、ムラを最小化する手っ取り早い方法は、標準化を行うことです。標準化とは、特に手順やツールについて、基本的に「同じようにやる」という状態を作り出すことです。一般に、同じ人間がある作業をしたとしても、毎回ツールや手順が異なれば、そこに 3M、特にムラが発生しやすくなるのは当然と言えます。会社は規模化する必要がありますから、「毎回、同じ人がやる」という状況はなかなか実現しにくいのですが、せめて手順や用いるツールを共通化するだけでも不要な 3M はずいぶん削減できるのです。なお、クリエイティブ系の業務など標準化が難しい仕事もありますが、それでも共通する部分は結構あるものです。そこは標準化するにこしたことはありません。それによって仕事が効率化され、そこで浮いた時間をよりクリエイティブな仕事のために使えるようになるのです。

2 　ムダは大敵とは言われますが、業務によっては適度な「遊び」を入れる方が長期的に見て効果的なこともあります。たとえば午後のお茶の時間でのおしゃべりが、領域を越えたコラボレーションを生み出すなどです。

32 ボトルネック分析

システムのボトルネックを特定し、それを解消することで全体の生産性を上げるための分析。

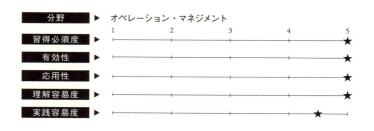

| 分野 | ▶ | オペレーション・マネジメント |

	1	2	3	4	5
習得必須度 ▶					★
有効性 ▶					★
応用性 ▶					★
理解容易度 ▶					★
実践容易度 ▶				★	

基礎を学ぶ

活用すべき場面
- システムのボトルネックを特定し、その解消方法を検討する
- 人員配置や機械化、さらなる設備投資のための参考情報とする

考え方

ボトルネックとは、システム全体のスループット（流量：詳細は158ページを参照）や生産性を規定してしまうようなプロセスを指します。それがどこで生じており、システム全体でどのくらいの改善余地があるのかを探るのがボトルネック分析です。

図表32-1はボトルネック分析のイメージ図です。このシステム（何かの生産工程を想定）は、プロセスAからプロセスEまでの5つのプロセスから成っています。現時点では、プロセスEのキャパシティが185個／時間と最も小さくなっており、これがシステム全体のスループット、生産性を規定しています。

仮に他のプロセスでその最大キャパシティまで作ったところで、

ボトルネック分析 No.32

図表32-1 ボトルネック分析

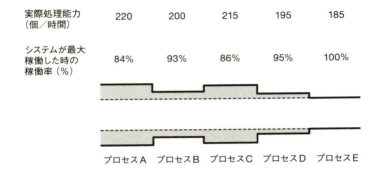

上図の網かけの部分が
ムダな経営資源（多くの場合は固定費）となる

　結局はプロセスEがそれだけの量しかさばけませんから、プロセスDまでで195個／時間の仕掛品を作ったところで、差分の10個／時間は仕掛在庫として積み上がっていってしまいます。これでは他のプロセスをフル稼働させる意味がないため、結局、他のプロセスは稼働率を落とさざるを得ないのです。

　ボトルネック分析では、どのプロセスがボトルネックかを知ると同時に、それぞれのプロセスの稼働率を知っておくことも重要です。あるボトルネックを潰しても、次にまた新しいボトルネックが生じてしまうからです。ちなみに、**図表32-1**の例では、生産能力195個／時間のプロセスDが次なるボトルネックとなります。

　ボトルネック分析を行う際には、現実的なキャパシティを正しく把握する必要があります。

　たとえば**図表32-1**の各プロセスが1台の機械に対応していたとします。もしプロセスEの機械のカタログスペック上のキャパシティが250個／時間だったとしても、それを鵜呑みにすることはで

きません。機械の設定や段取り、仕掛品の移動等に時間を要してしまい、実際のキャパシティはそれよりも下がってしまうからです。

　図表32-1のような単線型のプロセスでは、各プロセスの歩留まり率を考慮することも実務的には必要です。図表32-1は、実際にそれを考慮した「実際処理能力」を用いています。

　これを考慮せず、「生の処理能力」を用いると、たとえば、もしプロセスDの歩留まり率が非常に低かったとするとプロセスEに渡せる良品がプロセスEのキャパシティを下回ってしまいかねません。そうすると、見かけとは異なり、実はプロセスDの方がボトルネックになってしまうのです。

事例で確認

　図表32-2はあるベンチャー企業における生産組立てラインのボトルネック分析です。基本的に資本集約的なビジネスであり、各プロセスはほぼ自動化されているものとします。

　分析結果から、「カートリッジ2次加工」がボトルネックであることがすぐ分かります。他に制約（例：作っても売れない）がないなら、この部分に追加投資をすべきでしょう。

　この分析結果でもう1つ気になるのは「チップカット」の設備に対する投資です。もっと投資を抑えて少量生産に留めることができたとするなら、ここだけ過剰に設備投資をしたのは疑問です。

　もちろん、すぐにより多くの需要に対応せざるを得ないことが予見されるのであればそれほど大きな問題ではないかもしれませんが、逆に需要が冷え込むようならば、稼働率の低い無駄な固定費を抱え込むことになってしまいます。ベンチャー企業にとってキャッシュ・マネジメントは非常に重要ですから、よりバランスの良い設備投資を行うべきだったと考えられるのです。

ボトルネック分析 No.32

図表32-2 ボトルネック分析の例

	生産能力 （個／月）	歩留まり率	調整済生産能力 （個／月）	
チップカット	125,000	90%	112,500	過剰投資
カートリッジ組立て	80,000	95%	76,000	
カートリッジ2次加工	52,000	99%	51,480	ボトルネック
最終接合	75,000	100%	75,000	
最終検査	70,000	90%	63,000	
最終梱包	65,000	100%	65,000	

コツ・留意点

1 ボトルネック分析においては、キャパシティの設定は、すべてのプロセスについて前提条件を揃えることも重要です。たとえば**図表32-1**において、プロセスEだけが7.5時間フル稼働を前提としているのに、他のプロセスは故障などによるアイドルタイムも考慮して6.0時間稼働などとなっていると、同レベルで比較することができないからです。これは同じ場所にある機械ではあまり生じないことですが、離れている職場や、部署をまたぐプロセスでは往々にして起こりがちです。どのレベルが正常なフル稼働の基準なのかを社内でしっかり擦り合わせておくことが必要です。

2 実際のビジネスでは、本項で示したような単純な直線的プロセスばかりではなく、あるプロセスの経営資源が他のビジネスと共用になっていたり、複数の製品ラインを同時に同じ（あるいは一部だけ個別に誂えた）ライン上で動かすということも少なくありません。そうなると一気にボトルネックの特定は難しくなってしまいます。ただしその場合でも、何らかの説得力のある前提を置いて、ボトルネックになりそうな部分を特定しておくことが経営では重要です。

157

33 スループット分析

システムのスループット（流量）を測定し、それを最大化するための分析手法。ボトルネック分析と併用される。

基礎を学ぶ

活用すべき場面
- システムの効率を最大化するためのヒントを得る
- どの製品を作る方が利益貢献するかを分析する

考え方

スループットとは、生産量にスピードの概念を取り入れたものです。サプライチェーンマネジメントの基本理論である制約理論で用いられる指標であり、次の式で定義されます。

スループット ＝ 売上高 − 真の変動費

真の変動費とは原材料費や輸送費など、純粋な変動費のみを指します。

スループット分析では、単位時間あたりのスループットをいかに最大化するかということが重視され、それが多いほど収益性が高い

スループット分析　No.33

図表33-1　スループット分析

<製品A>
価格：1,000円
1個当たりの真の変動費：750円
1日の生産量：300個

<製品B>
価格：1,000円
1個当たりの真の変動費：400円
1日の生産量：100個

1個あたりの利益＝1,000円－750円＝250円
1日あたりのスループット
　＝250円×300個＝75,000円

1個あたりの利益＝1,000円－400円＝600円
1日あたりのスループット
　＝600円×100個＝60,000円

> 1個あたりの利益は製品Bの方が高いが、
> 最終的なスループットは製品Aの方が大きい

と判断します。

　そこで鍵となるのが「制約」、すなわち、154ページで解説したボトルネックの考え方です。スループット分析はそれ単独で行われることはあまりなく、ボトルネック分析と併用されるのが一般的です。ボトルネックをしっかり特定したうえで、現実のスループットを測定したり、製品ごとのスループット比較をし、利益の最大化を図ったりするのです。

　図表33-1の例では、オーソドックスなコスト分析では製品Bの利益率が高いために収益性が高いと判断され、製品Bを作るべきとされがちでした。

　しかし、スピードの概念も盛り込んでスループットを計算してみると、製品Aの方が実は最終的な利益貢献が大きいのです。この違いは、まさに製品Aと製品Bが利益を生み出すスピードに由来します。

　このように、スループットの概念を盛り込んだ会計の考え方をス

ループット会計と呼び、ゴールドラッド博士の著書『ザ・ゴール』が
出た頃から注目を浴びるようになりました。

　スループットを大きくしていくと、結局は売上げや利益に対する
固定費の比率も下がっていきます。結果として、システム全体で見
た時の利益率も上がっていきます。最終的には生産性と収益性を同
時に高めるのがスループット分析の効果です。

事例で確認

　図表33-2にスループット分析の前提例を示しました。この前提
をもとに、実際にスループットを比較してみましょう。

　製品Aの1個当たりのコストは、原材料費が450万円、賃料が
12万円×9時間＝108万円となります。したがって、トータルの
粗利は、1200万円－558万円＝642万円となります。

　製品Bで同様の計算をすると、賃料は12万円×6時間＝72万
円ですから、粗利は600万円－250万円－72万円＝278万円とな
ります。

　製品Aのみを生産する場合、工程Aがボトルネックになります。
よって1カ月の製造量は、9時間×20日÷7時間＝25.7個となり
ます。したがって、1カ月間の粗利は642万円×25.7個≒1億
6500万円となります。固定費は合計で1億7000万円ですから、差
し引き500万円のマイナスとなります。

　同様に製品Bの計算をすると、ボトルネックは特にありません
から、1カ月の製造量は9時間×20日÷2時間＝90個となりま
す。1カ月間の粗利は278万円×90個≒2億5000万円となりま
す。固定費は同じく1億7000万円なので、差し引き8000万円のプ
ラスとなります。製品1個当たりの利益は製品Aの方が倍以上で
すが、ボトルネックを勘案してスループットを計算すると、製品B
を製造する方が圧倒的に儲かるのです。

スループット分析 No.33

図表33-2　スループット分析の前提例

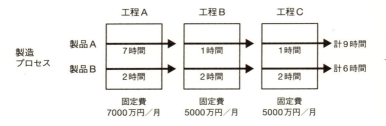

コツ・留意点

1 事例からも分かるように、ボトルネックがあると、そこは稼働率100％になりますが、それ以外のところは稼働していない無駄な時間ができてしまいます。図表33-2の例で言えば、製品Aを1個製造する際にはボトルネックである工程Aは7時間フル稼働しますが、あとの2つの工程は1時間で済んでしまうために余った6時間はそれぞれ稼働していないことになります。たとえ稼働していない時間であっても、当然そこには賃料という形でコストが生じています。固定費もバカになりません。稼働率というKPIは、通常はなんとなく平均的に見ることが多いのですが、スループット分析では、個別の工程ごとの稼働率をKPIとして細かく見ることで、全体の生産性を上げようと考えているのです。

2 図表33-2の例で、もし製品Aに関して、工程Aの時間を2時間に圧縮できれば、スループットは一気に3.5倍に上がります。3.5時間に短縮できれば、2倍のスループットです。それだけボトルネックの存在は影響が大きいのです。スループット分析はそれ単独ではなく、ボトルネック分析と同時に行う必要があるという意味がお分かりいただけるでしょう。

6章

会計・ファイナンス編

6 章で学ぶこと

　本章では、会計（アカウンティング）、ファイナンス分野の基本的な分析手法を学びます。京セラの創業者である稲盛和夫氏は、財務的な数字が読めることが経営者の基本的素養であるといった趣旨の発言をされています。今の時代に、会計も分かりません、ファイナンスも分かりませんでは通用しません。本章では、この分野の基本的な分析手法をご紹介します。

　収益性分析、効率性分析、安全性分析、成長性分析の４つは、いわゆる指標分析あるいは比率分析と呼ばれる、財務会計の基本となる分析です。「企業分析」と言われるとまずこの指標分析をイメージされる方も多いでしょう。

　どれも、企業の実態を見抜く上で欠かせない分析であり、企業を多面的に理解するためにも、すべての分析についてしっかり理解し、適切に組み合わせて実態に迫ることが求められます。なお、本書ではページ数の関係で生産性分析（１人当たり売上など）は割愛しましたが、これも重要な指標分析の１つですので意識しておいてください。

　差異分析は管理会計の分野で用いられる手法です。経営が下手な企業のよくある失敗は、PDCA（Plan-Do-Check-Action）のうち、PとDしかやらないということです。これでは会社がおかしな方向に向かっていても修正が効きません。的確に差異分析でCを行い、問題が発見されたら素早く適切な行動（A）を行うことが必要なのです。PDCAという最強の武器を使いこなす上で

基本的な分析と言えるでしょう。

　リスク分析は、企業の抱える戦略上のリスクを把握し、それが企業にダメージを与えないように事前に策を講じるための分析です。日本では意外と浸透していませんが、海外では管理会計の一環としても取り組まれており、内部統制などと連動しています。

　企業価値評価は、まさに企業の価値を主にファイナンス的な視点から算定するものです。M&Aやベンチャーに対する投資などがニュースの話題になる昨今、理解する必要性が増している分析と言えるでしょう。

　企業である以上、最終成績は会計やファイナンスの数字に表れます。それをしっかり読み解ける能力を身につけてください。

34 収益性分析

会社が利益を上げることのできる力を、構造的な面から見抜いていく分析手法。企業全体の総合力を示す ROA、ROE、ROIC と、ビジネスの特性に紐付く各種売上高利益率に大別できる。

基礎を学ぶ

活用すべき場面

- 収益構造を他企業と比較することで、その企業の特徴を知る
- 収益が低い場合、どこにテコ入れすべきかを知る

考え方

収益性の分析は、貸借対照表（B/S）の数字と損益計算書（P/L）の数字を用いて計算する、会社全体の総合力として利益を上げることのできる力に関する分析と、売上高に対してどのくらいの利益を獲得することができたかを P/L の数字のみから計算する、狭義の収益性分析に大別することができます。

教科書によっては両者を明確に分けるケースもありますが、本書では便宜的に、両者をまとめて収益性分析の指標とします。

まず総合的な収益性分析の指標ですが、具体的な指標としては、どれだけの資産を使ってどれだけの利益を上げているのかを示す ROA（総資産利益率）と、株主からの出資分と過去からの利益の累

収益性分析 No.34

図表34-1 収益性分析の指標

【総合的な収益性】

ROA（総資産利益率）	ROA ＝ 経常利益 ÷ 総資産
ROE（自己資本利益率）	ROE ＝ 当期純利益（税引後利益）÷ 自己資本
ROIC（投下資本利益率）＝ROCE（使用資本利益率）	ROIC ＝ EBIT×（1－実効税率）÷（有利子負債＋株主資本）

【売上高に対する収益性】

売上高総利益率	売上高総利益率 ＝ 売上総利益 ÷ 売上高
売上高営業利益率	売上高営業利益率 ＝ 営業利益 ÷ 売上高
売上高経常利益率	売上高経常利益率 ＝ 経常利益 ÷ 売上高
売上高当期純利益率	売上高当期純利益率 ＝ 当期純利益 ÷ 売上高

注）EBIT は Ernings Before Interests and Taxes のことで、ほぼ日本の営業利益に相当する

積分の合計である自己資本がどれだけの利益を生み出しているかを示す ROE（自己資本利益率）の2つがアカウンティングでは重要です。

またファイナンスでは、資本コストが発生する有利子負債と株主資本の合計に対して、どのくらいの利益を上げたかを示す ROIC（投下資本利益率。ROCE（使用資本利益率）と同じ値となる）が重視されます。いずれも総合的な収益力の指標ですが、すべて用いる分子の利益が異なるので注意が必要です。

このうち、ROE は株価との相関が高いことで知られており、株主重視の経営が進む中において、非常に注目を浴びています。

ROIC は、加重平均資本コスト（WACC）を越えることが必要とされる指標です。ROIC が WACC を越えると企業価値が向上するとされており、その意味で WACC は企業全体のハードルレート（越えるべき基準）ということもできます。ただし、ROIC は正式には時価で計算する必要があるため、計算はやや面倒になります。

狭義の収益性を見抜く指標としては、**図表34-1**中に示した4タイプの売上高利益率を用いるのが一般的です。特に重視されるのは最初の3つです。

　売上高総利益率は、販売している商品のマージン率が高いかどうかを示しています。これが高いということは、営業力の強さ、あるいは商品の品質の良さを意味しています。この比率が低下したときには、原価率のアップや商品力の低下といった原因が考えられます。

　売上高営業利益率は本来の営業活動による利益率であり、本業の収益性が高いかどうかを示しています。この比率を同業他社と比較すると、販売活動や管理活動の特徴や効率性を知ることができます。またさらに販売費の内容を分析すると、マーケティング戦略の違いなども把握することができます。

　売上高経常利益率は、財務活動なども含めた通常の企業活動における利益率であり、金融収支の良し悪しや資金調達力の違いなどの財務体質も含めた総合的な収益性が反映されます。

　日本企業では伝統的にこの経常利益率を重視する傾向がありますが、先進国では実は珍しい方です。特にアメリカなどでは、営業利益とほぼ同義の EBIT[注1] 比率が重視されることが少なくありません。

事例で確認

　図表34-2はセンサー等を扱うニッチャーのキーエンスと、同じくセンサー等を扱う総合電機メーカーのオムロンの収益性比較です。

　キーエンスは、顧客ニーズに合わせたユニークでスピーディな製品開発、高価格の実現、（交渉力の弱い）中小企業顧客の比率の高さ、ファブレス生産などで有名な高収益企業です。その強みが浮き彫りになった分析結果と言えるでしょう。特に、売上高当期純利益率の36％は、通常のメーカーなら売上高総利益率でもおかしくない数字であり、圧巻と言えます。

注1：Earnings before Interests and Taxes

収益性分析 No.34

図表34-2 収益性分析の例：キーエンスとオムロン

	キーエンス （2015/3期 連結）	オムロン （2015/3期 連結）
【総合的な収益性】		
ROA（総資産利益率）	13.0%	9.1%
ROE（自己資本利益率）	14.0%	13.5%
ROIC（投下（使用）資本利益率）	12.8%	12.5%
【売上高に対する収益性】		
売上高総利益率	80.7%	39.3%
売上高営業利益率	52.1%	10.2%
売上高経常利益率	55.8%	10.3%
売上高当期純利益率	36.2%	7.3%

出所：SPEEDA

コツ・留意点

1 ROE は、（税引き後利益÷売上高）×（売上高÷総資産）×（総資産÷自己資本）にブレークダウンすることができます。つまり、3つの要素のバランスを巧みに調整することで、ROE を上げることも可能なのです。この中で注目されるのは総資産÷自己資本で表せる財務レバレッジでしょう。つまり、借入れを多くすると少ない自己資本でも高い ROE を実現できるということです。コストが相対的に低い借入れを増やすことは、WACC を下げる効果もあります。とはいうものの、無闇に借入れを増やすことは現実的ではありません。金利の負担が増しますし、倒産リスクも高まってしまうからです。借入れを有効に活用しながらも、それが企業経営に負担にならない最適なバランスを探り当てることが重要となります。

2 IFRS（国際財務報告基準）では「包括利益」を重視します。これは、損益計算書で生じた利益に、有価証券の評価損益や為替換算調整勘定、土地再評価なども加えた利益のことです。日本でも IFRS への移行は課題になっていますので、本項では取り上げませんでしたが、意識しておいてください。

35 効率性分析

企業がいかに無駄な資産などを抱え込まず、効率的に売上高などを実現しているかを見る分析。

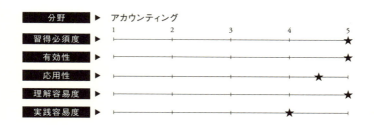

基礎を学ぶ

活用すべき場面
- 無駄な資源を削減する
- プロセスの改善に活かす
- 運転資本の低減に活かす

考え方

　仮に同じ業界に属するA社が総資産100億円に対して売上高100億円、B社は総資産200億円に対して売上高は同じく100億円だとしたら、A社の方が効率の良い経営を実現していることは自明でしょう。

　日本企業でこれを実現している有名な例はトヨタ自動車です。同社ではいわゆるリーン生産を徹底することで、往々にして増えがちな在庫（たな卸資産）を極限まで減らしています。連結ベースでのたな卸資産回転期間は、競合であるホンダに比べると16日ほど短くなっています。つまり、部品を仕入れてから販売するまでのプロ

効率性分析 No.35

図表35-1 効率性分析

総資産回転率
（回転期間）

総資産回転率 ＝ 売上高 ÷ 総資産
総資産回転期間 ＝ 総資産 ÷（売上高 ÷ 365）

売上債権回転率
（回転期間）

売上債権回転率 ＝ 売上高 ÷ 売上債権
売上債権回転期間 ＝ 売上債権 ÷（売上高 ÷ 365）

たな卸資産回転率
（回転期間）

たな卸資産回転率 ＝ 売上原価 ÷ たな卸資産
たな卸資産回転期間 ＝ たな卸資産 ÷（売上原価 ÷ 365）

仕入債務回転率
（回転期間）

仕入債務回転率 ＝ 売上原価 ÷ 仕入債務
仕入債務回転期間 ＝ 仕入債務 ÷（売上原価 ÷ 365）

セスが、製造も含めて圧倒的に効率的なのです。

　効率性分析は、**図表35-1** に示した４つのカテゴリーで見るのが一般的です。それぞれの指標は回転率でも回転期間でも表記できます。貸借対照表で右側に来る仕入債務以外については、回転率は高い方が好ましく、回転日数は短い方が好ましい状態を指します。率と日数で大小の良し悪しが逆転するので注意してください。

　図表35-1 に示した４つのカテゴリーは大きく２つに大分類できます。総資産回転率（期間）と、残りの３つのカテゴリーです。

　総資産回転率（期間）は、B/S のすべての資産がどのように効果的に用いられて売上げに貢献したかを見るものです。最初に示したA 社と B 社の例からも分かるように、少ない総資産で売上高を上げるに越したことはありません。総資産には流動資産と固定資産の両方が含まれます。言い方を変えれば、もし分子の売上高が同じであれば、分母である総資産を下げる方法としては、流動資産を減らすというやり方と、固定資産を減らすというやり方の２つがあると

いうことです。

　流動資産についてはこの後説明しますので、固定資産について述べましょう。無駄な固定資産を減らす典型的な方法は、稼働していない遊休設備を売却することです。額こそ減りませんが、別の生産等に当てたり、地道に稼働率を上げる施策も重要です。

　残りの３つのカテゴリーは、ファイナンスでいう運転資本（ワーキングキャピタル）に対応する指標です。運転資本は、たな卸資産＋売掛金－買掛金で計算される数字であり、売上げに結びつく前の資金手当ての必要性を示すものです。

　売上債権回転率とたな卸資産回転率、仕入債務回転率は分母が異なるため、そのまま足したり引いたりすることはできませんが、売上債権回転率とたな卸資産回転率は低下するほど、仕入債務回転率は上がるほど、必要となるキャッシュの手当てが増えることを意味し、ファイナンス的には負荷がかかることを示します。

　特に、固定資産をそれほど必要としないビジネスでは、この３つの指標をウォッチし、無駄にキャッシュを手当てする状況になっていないかをしっかり見ておくことがビジネス全体の効率、さらには収益性を高めます。

事例で確認

　図表35-2 に大塚家具とニトリホールディングスの効率性の比較を示しました。単価が高く「重厚型」の大塚家具と、SPAを取り入れて安価な商品の比率が多いニトリでは、ニトリの方が特にたな卸資産回転期間が短くなっているのが分かります。

　全般的に、流動資産、流動負債に関する回転期間は大塚家具の方が長くなっていますが、総資産回転期間そのものはニトリの方が長くなっています。おそらく、固定資産が相対的に大きいことが推定されます。ご興味のある方は詳細も調べてみてください。

効率性分析　No.35

図表35-2　効率性分析の例：大塚家具とニトリホールディングス

	大塚家具 （2015/12 期 単体）	ニトリ （2016/2 期 連結）
総資産回転期間	290.0日	325.9日
売上債権回転期間	17.4日	11.3日
たな卸資産回転期間	195.1日	76.5日
仕入債務回転期間	51.1日	27.1日

出所：SPEEDA

コツ・留意点

1 効率性分析の指標は、B/S の数字と P/L の数字の両方を用いて計算します。そこでよくある定義上の混乱が、B/S の数字として期末の数字を用いるのか、それとも期首と期末の数字の平均を用いるかという問題です。前者は簡便法としては優れていますが、期中に大きく数字が変化した場合には、実態を表さない危険性があります。後者はその意味で実態をよく反映すると言えますが、数字を集めて計算するのがやや面倒になります。どちらを用いなくてはいけないという絶対的な約束があるわけではありませんが、少なくとも自分が計算を行った場合はどちらの前提で計算したのかをしっかり明示することが必須です。また、過去からの時系列変化などを見る際や他社比較をする際には、apple to apple の対応になっているか、計算の前提を確認することが必要です。

2 効率性分析に基づいてアクションを起こす際には、売上高とのバランスに注意する必要があります。たとえば一見在庫が競合に比べて多いように見えても、ブランドの特性などから店頭に在庫を置かないと売れないという可能性もあります。真の無駄をしっかり見極めることが大切です。

36 安全性分析

企業の財務的な健全性を知ることで、その企業が倒産するなどのトラブルに備える分析。

基礎を学ぶ

活用すべき場面
- ある企業と取引を行ってもよいか、どのような支払条件にすべきかなどのヒントを得る
- 債権回収のモニタリングの必要度を知る

考え方

2016年現在、企業の倒産件数はリーマンショック時から減少をたどり、極めて少ない状況にあります。とは言え、特に歴史の短いベンチャー企業などを始め、財務状況が健全でない企業は、何かの拍子にキャッシュがショートし、倒産の憂き目にあうことは珍しいことではありません。そうなると、取引をしていた会社も売掛金が回収できなかったり、必要な委託業務がなされなかったなどと、被害を被ります。

安全性分析は、突き詰めると、企業の倒産確率を多面的に分析することで、そうした可能性を回避するための分析と言えるでしょう。

安全性分析 No.36

図表36-1 安全性分析

自己資本比率	自己資本比率 ＝ 自己資本 ÷（負債＋純資産）

流動比率	流動比率 ＝ 流動資産 ÷ 流動負債

当座比率	当座比率 ＝ 当座資産 ÷ 流動負債

固定比率	固定比率 ＝ 固定資産 ÷ 純資産

手元流動性	手元流動性 ＝ 現金預金＋短期所有の有価証券 手元流動性 ＝（現金預金＋短期有価証券）÷（売上高÷365）

インタレスト・カバレッジ・ レシオ（ICR）	ICR ＝（営業利益＋金融収益）÷ 支払利息

安全性分析では、主に貸借対照表の資金調達側である負債と純資産の構成の安定性を、資金の使途サイドである資産の項目に照らしながら見るものが多くなっています。

まず自己資本比率ですが、これが高ければ、総資産に占める「返済する必要のない資金」が多いことを意味し、業績が悪化しても債務超過を避けられる可能性が高いことを意味します。地道に内部留保を積み上げると、この数値は上がります。

ただし、自己資本比率は169ページで触れた財務レバレッジの逆数ですので、これがあまり高すぎると、負債を有効に活用していないことを示すことにもなります。

流動比率と当座比率はセットで語られることの多い指標です。いずれも、流動負債と換金性の高い資産の比率を表します。特に当座比率は、高い換金性の資産である現金預金、受取手形、売掛金、有価証券等が含まれ、換金の難しいたな卸資産は除きます。その時々の経済情勢にもよりますが、流動比率は130％程度、当座比率は

175

90％程度あれば概ね安全とされます。

　固定比率は、長期間資金が拘束されてしまう固定資産に対する資金の調達が、どの程度安定的な資金源である純資産によってまかなわれているかを示すもので、低いほど固定資産についての資金調達が安定していることになります。

　手元流動性は2つの表記パターンがありますが、いずれも会社の厳密な意味での支払能力の余裕度を示すものです。日本の上場企業では、日数表記の場合、30日から45日程度とされます。

　なお、手元の現金（あるいは現金等価物）が多いことは、企業経営の健全性という意味では好ましいことですが、海外では現金等価物が多すぎると、株主から還元を求められることが少なくありません。また買収のターゲットにもなりやすいとされます。

　インタレスト・カバレッジ・レシオは、営業利益と金融収益が、支払利息をどの程度上回っているかを示しており、この比率が高いほど、財務的に余裕があることを意味しています。景気や金利動向などによって変化しますが、日本企業ではだいたい5倍から15倍程度と言われています。

　このように、企業の安全性はいくつかの指標を組み合わせながら多面的に見ていきます。

事例で確認

　図表36-2は東京電力ホールディングスの安全性の推移です。東京電力と言えば日本を代表する財務的に安定した会社だったわけですが、2011年の東日本大震災に伴う原発事故の影響を受けて、2012/3期より、急激に安全性指標が悪化したのが見てとれます。

　改善を続ける指標もあれば、再び下がった指標もあり、今後も難しい経営の舵取りが続きそうです。

安全性分析 No.36

図表36-2 安全性分析の例：東京電力ホールディングスの安全性推移

（連結）

		2011/03	2012/03	2013/03	2014/03	2015/03
株主資本比率	%	10.53	5.07	7.45	10.47	14.59
流動比率	%	155.5	98.6	134.2	137.6	121.5
当座比率	%	139.1	74.2	109.2	112.6	97.7
固定比率	%	762.2	1,683.3	1,096.8	782.7	569.2
インタレスト・カバレッジ・レシオ	倍	3.37	−1.87	−1.65	1.94	3.41

出所：SPEEDA

コツ・留意点

1 本項で示した安全性分析は基本的には財務諸表に表れる数字を基本としているため、それに伴う限界があることを理解する必要があります。たとえば銀行が融資を行う際には、このような指標も当然見ますが、それ以上に担保となる土地の時価をチェックしたりします。土地は日本の財務諸表では簿価で示されているため、いわゆる含み資産の額が大きい企業は、見た目以上に安全ということになります。あるいは、企業の存在感が大きくなりすぎると、簡単に破綻させるわけにもいかないので、普通の企業ではありえない資金調達が行われることもあります。たとえば、かつて銀行が経営難に陥った際には「公金投入」として税金が投入されました。正確を期すならばより多面的にその企業の「広義の資金調達力」を見る必要があります。

2 安全性が高いことが絶対的に好ましいというわけではありません。たとえば顧客として取引をするなら、多少安全性が低くても、どんどん投資をして成長している企業の方が自社にとってもうまみが大きいかもしれません。さまざまなバランスの中で判断することが必要です。

37 成長性分析

企業の成長性を見る分析。業界やビジネスモデルによって、独自の指標を用いるケースも多い。

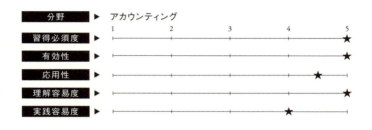

基礎を学ぶ

活用すべき場面
- 投資家が投資判断に用いる
- 必要となる経営資源などを見積もる

考え方

　株主から見た場合、企業に期待するのは基本的に収益と成長です。可能であれば両方、あるいはどちらかを高い次元で実現することが、企業の所有者である株主に対する企業の責任なのです。

　どちらを重視するかのバランスは成長ステージによっても変わってきますが、一般にベンチャー企業や、ネット企業で「Winner Takes All」が成り立つような業界では、成長率が非常に大きな意味を持ちます。

　成長性分析は、財務諸表に表れる売上高や総資産を用いる指標も重要ですが、それ以上に、業界独自の数字を用いることが多い分析でもあります。

成長性分析 No.37

図表37-1 成長性分析

売上高成長率　　売上高成長率 = 売上高増加額 ÷ 基準時点での売上高

総資産成長率　　総資産成長率 = 総資産増加額 ÷ 基準時点での総資産残高

顧客成長率　　顧客成長率 = 顧客増加数 ÷ 基準時点での顧客数

　財務諸表の数字を用いる分析としては、売上高成長率と総資産成長率があります。

　売上高成長率は、会社の成長性を示す最も基本的な指標で、あらゆる業界で重視されます。これが高いほど会社の規模が順調に大きくなっていると言えます。

　総資産成長率は、売上高成長率に比べるとあまり重視されることはありませんが、最低限の知識として知っておくべき指標ではあります。ITベンチャーなどを除くと、総資産成長率が高い場合でも、それが売上高や利益の増加を伴っていない場合には、無駄な資産が増えているだけということもあるので、その内容を精査する必要があります。

　顧客成長率は、あらゆる業界で大事ではありますが、ネットワーク効果が働きやすいITビジネス、特にプラットフォーム型のビジネス（98ページ参照）ではその意味がさらに大きくなります。業界の特性上、まずは顧客獲得に投資をし、圧倒的なポジションを確立

した後に高い利益を得るという勝ちパターンがあるからです。Facebookに代表されるSNSもそうですし、Amazonが首位を独走するEコマースでもその傾向があります。創業20年を越えたAmazonなどは、「その気になれば（投資を抑制して）いつでも利益は出せるが、今はまだ投資をする」ということで2016年現在も利益はほとんどゼロでひたすら顧客獲得を重視しています。

なお、「顧客」にもさまざまな定義があるので、ビジネスの特性や企業の戦略に合わせて適切なものを用いる必要があります。典型的なのはユニークユーザー数（別々の顧客数）、延べ顧客数（同じ人間でも利用ごとにカウント）、アクティブ・ユーザー数（登録しただけでなく、実際にサービスを利用中の顧客数）、マンスリー・アクティブ・ユーザー数（MAU：1カ月内にそのサービスを利用したユーザー数）などです。サービスによってはビュー数などを用いるケースもあります。ネットビジネスではこれらがまさに企業価値評価（190ページ参照）に直結するケースが少なくありません。

事例で確認

世界的なSNSのFacebookとTwitterの成長率を**図表37-2**に比較しました。

売上高と総資産の成長率だけを見ると、Twitterの方が上回っていますが、問題はMAUの伸びがこの2年間くらいで急激に落ちてきたことです。MAUは将来の収益や、企業価値の算定にも影響します。株価も低迷しており（2016年5月現在）、Twitterとしては早急なテコ入れが必要そうです。

一方、Facebookは創業期の急成長こそ終わったものの、安定して売上高やMAUを伸ばしています。今後も買収などを通じて成長することが見込まれており、ますます存在感を増しそうです。

成長性分析 No.37

図表37-2 成長性分析の例：Facebook と Twitter

（連結）

Facebook Inc	2013/12	2014/12	2015/12
売上高成長率	54.7%	58.4%	43.8%
総資産成長率	18.5%	124.6%	23.0%
MAU成長率	16.3%	13.4%	14.2%

Twitter Inc	2013/12	2014/12	2015/12
売上高成長率	109.8%	111.0%	58.1%
総資産成長率	304.8%	65.9%	15.4%
MAU成長率	59.6%	19.5%	5.9%

注：MAU成長率は第4四半期の数値をもとにしている
出所：SPEEDA。ただしMAU成長率についてはhttp://www.statista.comの数値より計算

コツ・留意点

1 成長率にもさまざまな手法があるので、それを区別するケースもあります。たとえば、既存事業の成長率と、M&Aによる企業買収の成長を分けるなどです。仮に既存事業の売上高成長率はゼロで、自社の2倍の売上高の企業を買収したとすると、見た目の売上高成長率は200%となります。しかし、この数字がその企業の実力を表しているかと言えば疑問でしょう。地域によるセグメント毎の成長率を峻別するケースもあります。日本企業は現在、少子化が進む中で、一般的には国内事業は頭打ち、伸び代は海外という企業が増えています。成長がどのような部分でなされたのかを知ることで、その企業の戦略や、さらなる成長のポテンシャルを知ることができるため、こうした分析も必要に応じてしっかり行いたいものです。

2 成長は高い方がいいように思われますが、いわゆる「成長の痛み」もあるので注意が必要です。「成長の痛み」とは、企業の高い成長率にマネジャーの育成や従業員のスキルアップなどが追いつかず、組織が混乱してしまうというものです。数字だけではなく、健全な成長なのかも可能であれば調べてみましょう。

38 差異分析

予算実績管理において、実際の業績がどのくらい当初の予算や計画からずれたかを見る分析。

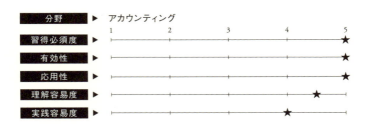

基礎を学ぶ

活用すべき場面
- 問題点を発見し、それに対するアクションをとる
- 差異を踏まえた上で予算を更新（ローリング）し、新たに PDCA サイクルを回す

考え方

PDCA はある意味でマネジメント最強のフレームワーク、コンセプトとも言えます。どれだけ生産や開発の現場が自分なりに頑張ってみたところで、「やったらやりっ放し」のスタイルを続けていては、なかなか利益は上がりません。

どのくらいの期間（サイクル）で PDCA を回すかは業界や企業にもよるでしょうし、部署のレイヤーによっても異なってきますが、少なくとも四半期に一度は結果をレビューし、予算との差異を見極め、そこに適切な解決策を打っていく必要があります。これを怠ると、決算を締めてみるまで儲かったか儲かっていないか分からな

差異分析 No.38

図表38-1 差異分析

直接材料費の差異

価格差異
＝ 実際消費量 ×（標準価格－実際価格）

消費量差異
＝ 標準価格 ×（標準消費量－実際消費量）

変動予算

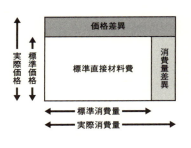
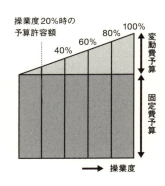

い、といった状況になってしまいます。

　予算と実績の差異分析は、単に合計の数字を比べるだけでは、なかなかどこに問題があるか分からないものです。そこで通常の差異分析では、いくつかの要素にブレークダウンしたりして分析します。たとえば、売上予算であれば、売上総額のみを比較するのではなく、顧客数と顧客単価にブレークダウンし、それをそれぞれ予算と比べたりします。合計のみで差異分析を行うよりも、より的確なアクションが打てます。

　図表38-1の左図は、原価の予算とも言える標準原価について、直接材料費（ある製品に直接的に紐付いている材料費）に関して差異分析を行ったものです。ここでも合計値のみを比較するのではなく、価格の差異と消費量の差異に分けてブレークダウンすることで適切なアクションにつなげます。直接労務費などの分析も同様に行います。

　差異分析では稼働率に応じた予算（変動予算）を設定することで、

それとの差異を見ることもあります（**図表38-1**の右図）。

　これによって、予算と実績の差異に関して、稼働率によって生じた差異と、稼働率以外の部分で生じた差異に分けることができ、状況に応じた対策を取りやすくなるのです。固定費の比率が大きく、かつ稼働率にブレの生じやすいビジネスでよく用いられます。

事例で確認

　ここでは、変動予算を用いたある製造業のラフな差異分析を見てみましょう。当初の計画から稼働率が90％に落ちた例です。

　稼働率を意識していない**図表38-2**左図の比較では、正直、どこに問題があるのかが分かりにくくなっています。変動費は確かに当初の予算よりも3億円改善していますが、稼働率が90％になったわけですから、変動費が減るのはある意味当たり前とも言え、本当にプラスの効果があったのかが定かではありません。

　そこで右図のように、稼働率90％の変動予算をワンクッション入れます。この変動予算と実績値を比べると、どこの部分で利益が失われたのかがよく分かるのです。

　まず、稼働率が10%落ちたことで3億円のマイナスとなっています。それに加え、単価が落ちたことで1億円、固定費増で2億円、そして変動費増で4億円のマイナス、合計10億円のマイナスとなっています。

　左図では一見問題ないように見えた変動費の差異が、実は最も利益減に効いていることが分かりました。

　すべてが予算より悪い数字となっているため、全面的なテコ入れが必要です。現在の分析は固定費と変動費というラフな括りなので、具体的な改善個所の特定については、さらに詳細にブレークダウンした分析が必要となるでしょう。

差異分析 No.38

図表38-2 変動予算を用いた差異分析の例

当初の予算と稼働率90%時の
実績

（単位：億円）

	予算	実績	
売上高	100	89	▲11
固定費	20	22	▲2
変動費	70	67	3
利益	10	0	▲10

稼働率90%時の変動予算と
実績値を比較する

（単位：億円）

	予算	変動予算 (90%)	実績	
売上高	100	90	89	▲1
固定費	20	20	22	▲2
変動費	70	63	67	▲4
利益	10	7	0	▲10
		▲3		

コツ・留意点

1 差異分析は、本項で紹介した会計数字の比較だけではなく、企業が独自に測定しているKPIについて行うのも一般的です。また、状況によっては、138ページで紹介したファネル分析的発想で、最終的なKPIを要素KPIにブレークダウンし、それぞれの差異を見極めることもあります。たとえば「新規顧客売上高＝営業担当者数×担当者当たりリード数×受注率×顧客当たり売上高」のようにブレークダウンし、どこが計画からずれたかを知り、対策を立てるのです。KPIが細かく設定されているため、原因の発見が容易になるとともに、過去のトレンドなどからの新規計画の立案も容易になります。

2 差異分析は慎重に行うことも重要ですが、ビジネスではスピードも大事ですので、3カ月かけて100%の差異分析を目指すよりは、98％程度の精度でもいいので、速報値で2週間程度で差異分析を行い、PDCAをスピーディに進めるという発想も重要です。ただし、その前提としては、速報値がある程度信用できることが必要となります。精度とスピードのトレードオフを高い次元で両立させたいものです。

39 リスク分析

経営者が策定した戦略とその実行に関するリスクを多面的に捕捉し、対策に活かすための分析。

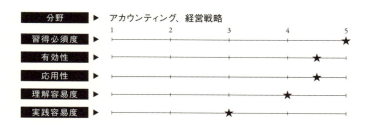

基礎を学ぶ

活用すべき場面
- 組織が被害を被る原因やその程度を見積もる
- どのような社内的な状況がそうしたリスクの危険度を上げてしまうのかを見極め、対策を打つ

考え方

リスクにはさまざまな意味合いがありますが、ここでは一般的に使用されている語感に近い「経営を悪い方向に傾かせるような予期できない出来事、状況」を指すものとします。

これは、自然災害や予期せぬテロなどの突発事項まで含めれば極めて膨大になってしまいますが（「コツ・留意点」も参照のこと）、本項では主に、企業にとってより身近で、戦略と連関の強い「戦略リスク」について取り上げます。

図表39-1の左列に列挙したのが典型的な戦略リスクであり、右列に列挙したのが、その危険性を社内的に加速してしまいかねない

リスク分析 No.39

図表39-1 リスク分析

戦略リスク		社内のリスク圧力
オペレーション・リスク	**競争リスク**	**成長に関するリスク**
・システム停止時間	・競合による新商品発売	・業績目標へのプレッシャー
・エラー数	・規制変更	・規模拡大の速度
・説明できない製品のバラ	・顧客購買行動の変化	・主要な従業員の経験度
つき	・流通の変化	
・つじつまの合わない勘定		**組織文化に関するリスク**
・製品歩留まり／品質基準	**フランチャイズリスク**	・起業家的リスクテイクへの報酬
・顧客からの苦情	・競合への敗北	・悪い報告への重役の抵抗
	・望ましくないニュース報道	・社内競争のレベル
資産減損リスク	・係争中の訴訟	
・ヘッジされていないデリ	・システムの停止時間	**情報マネジメントに関するリスク**
バティブ	・競合の事業失敗	・取引の複雑さと速度
・未実現保有損益		・業績評価診断の差異
・貸金の集中		・意思決定の分権化度
・デフォルト履歴		
・商品売上高の低下		

出典:『戦略評価の経営学』(ロバート・サイモンズ著、ダイヤモンド社)

社内の圧力です。この分類は、ハーバード・ビジネス・スクールで管理会計の人気教授であるロバート・サイモンズ氏執筆の『戦略評価の経営学』に基づいています。実際にはリスクの把握、分析には多くの手法がありますが、ここでは同氏の枠組みを採用します。

　企業としては、これらのリスクや加速要因を正しく認識したうえで、それがもたらすダメージが大きくならないように、監視システムを整えたり、社内の管理制度を構築する必要があるのです。

　まず、**図表39-1**左列のオペレーション・リスクから紹介しましょう。これは、バリューチェーンのあらゆる活動に関して、それらが不具合を起こしてしまうリスクです。このリスクは大なり小なり、どの企業も抱えてしまうものです。ただし、採用した戦略によってそれがもたらすダメージは企業ごとに変わります。たとえば、鉄道会社であれば、新技術の採用は一般にはリスクを高めます（ほぼ50年間、クリティカルな事故を起こしていない新幹線は、そ

の意味で驚異的と言えます）。

次に資産減損リスクですが、これは資産の物理的状態が劣化した時や、知的財産権の価値が下がった時に効いてくるリスクです。

競争リスクは、企業であれば避けられないものです。特に昨今は、破壊的イノベーションが自業界を破壊するリスクもあるので、しっかりモニタリングしておく必要があります。顧客の変化も言うまでもなく重要です。

最後のフランチャイズ・リスクは、上記の３つのリスクとは異なって独立したものではなく、３つのリスクのどれかが過度に大きくなる結果生じるリスクです。

これらのリスクは、**図表39-1**右列の成長、組織文化、情報マネジメントなどから生じる圧力と相乗的に働くと、極めて大きな危険となることがあります。

たとえば、社内競争のレベルが極めて高ければ、営業担当者が顧客を騙したりする誘因が増す結果、苦情が一気に爆発したり、場合によってはニュースにまでなってブランド価値を一気に壊してしまいかねないのです。

事例で確認

図表39-2は、あるベンチャー企業の社内リスク圧力について点数化したものです。

もともとベンチャー企業ですから戦略リスクとしても大きなものを抱えていることが想定されますが、それに加え、特に強い成長へのプレッシャーがそれを爆発させてしまう可能性をはらんでいることが分かります。

CEOとしては、価値観の徹底や内部統制の強化などに意を用いる必要性が高いと言えるでしょう。

リスク分析 No.39

図表39-2 社内リスク圧力の測定例

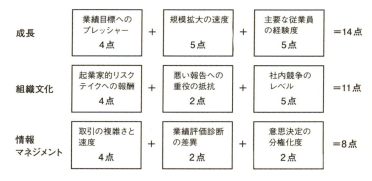

出典:『戦略評価の経営学』(ロバート・サイモンズ著、ダイヤモンド社)を参考に加筆

コツ・留意点

1 本項のリスク分析は、基本的にサイモンズ教授のフレームワークに従い、戦略リスクに絞りました。しかし一方で、21世紀という時代は、より広義でのマクロ環境や天然災害に関するリスクにも注意を向けざるを得ない時代とも言えます。たとえばテロの脅威が増すことは、旅行会社やエアラインなど、特定の産業にとって大きなダメージを与えるかもしれません。また、日本企業が本拠地を置く日本という国は、地震列島でもありますし、近隣に行動の予測がつかない独裁国家も存在しています。リスクをどこまで広くとってそれに備えるかは判断が難しいところではありますが、実務的にはそうしたリスクについても予め認識をしておく方がいいでしょう。

2 リスクやその加速要素は、認識するだけではなく、正しくコントロールすることがより重要です。ビジネスである以上、ノーリスクということはあり得ないからです。リスクを正しく認識したうえで、トップのリーダーシップや対話、適切な仕組み作りや運用などを通じて、リスクの発露を最小化することが必要です。

40 企業価値評価

企業や事業の価値を求める評価方法。通常は複数の求め方をした上で、それらを比較して多面的に決定する。

基礎を学ぶ

活用すべき場面
- 投資家が割安あるいは割高な企業を見出す
- M&Aを行う時に対象企業の適正な価値を知る
- ベンチャーキャピタルなどが投資の是非や投資スキームを検討する材料とする
- 経営者の動機付けに用いる

考え方

企業は、売買されることからも分かるように、金銭的な価値があります。その価値を求めるのが企業価値評価（バリュエーション：Valuation）です。

バリュエーションは事業ごとにも行うことができますが、基本的に方法論は同じなので、ここではまとめて企業価値評価と表記することにしましょう。

企業価値を求めるアプローチにはさまざまなものがありますが、

企業価値評価 No.40

図表40-1 企業価値評価

インカム・アプローチ
将来生まれるフリーキャッシュフローやプロジェクト終了時の残存価値を、割引率を用いて現在価値に割戻し、企業や事業の価値と考える方法

$$企業価値 = \sum_{n=0}^{N} \frac{FCF_n}{(1+WACC)^n}$$

マルチプル・アプローチ
あるKPI（EBITや獲得顧客数など）に、類似企業の数値も参考にしながら倍数を掛けて企業価値を求める方法

$$企業価値 = KPI \times 倍数$$

資産アプローチ
資産と負債の時価からその時点での企業価値を求める方法

$$企業価値 = 総資産 - 負債$$

その中でも代表的なものが**図表40-1**に示した3つのパターンです。最初のインカム・アプローチはファイナンス的、2つ目のマルチプル・アプローチはファイナンス的なやり方にアカウンティング的要素を加味したもの、3つ目の資産アプローチはアカウンティング的なやり方と言えるでしょう。

まずインカム・アプローチです。他にも配当還元法などの手法もありますが、最もよく用いられるのは、**図表40-1**中に示したフリーキャッシュフロー（FCF）を用いる DCF 法（Discounted Cashflow 法）です。図表の3つの中でも最もオーソドックスで正統的なアプローチと言えます。

具体的には、ある前提のもとに予測財務諸表を作り FCF をある期間にわたって求めます。その期間が終了した後は精度が悪くなるため、そこで残存価値が残るものとします。残存価値の設定方法は多様なので、ここでは割愛します。こうして求めた各年の FCF や残存価値を WACC を割引率として現在価値に割戻し、企業価値と

します。

ファイナンス的には最も理論的な方法ではありますが、予測の前提などに個々人の恣意性が入ることもあるため、誰がやっても同じ結果になるというわけではありません。

次のマルチプル法は、ある KPI に倍率をかけて企業価値を求めるという簡便法です。たとえば、今期予想税引後利益に株価収益倍率（PER）を掛けるなどが典型です。掛ける倍数は、類似企業を参照して求めるのが一般です。

他の掛けられる方の数値には、EBIT（Earnings Before Interests and Taxes）や EBITDA（Earnings Before Interest, Taxes, Depreciation and Amortization）を用いることが少なくありません。これらの指標は会計数字ではありますが、ファイナンス的要素が強く、DCF 法などとの相性がいいため、クロスチェックもしやすいからです。

ネット企業などでは、マネタイズ（収益化）のタイミング等が通常のリアルビジネスと異なることもあり、たとえ利益が大きくマイナスでも、獲得顧客数に倍数を掛けて企業評価とする、といったことがよく行われています。何に何を掛けるかは、評価者の裁量が大きく働く部分ですが、いずれにせよ説得力は必要です。

最後の資産アプローチで求めた企業価値は、清算価値と呼ばれることもあります。企業の継続を前提とせず、いま解散した時の値であることがその所以です。

事例で確認

図表40-2 にある企業の DCF 法による企業価値と、マルチプル法（EBIT マルチプル）による企業価値を算出しました。

2つのアプローチで3割強の差異が生じていますが、比較的小さい方と言えるでしょう。この例では、企業価値は平均をとっておよそ 10,000 百万円としてよさそうです。

企業価値評価　No.40

図表40-2　ある企業の企業価値評価例（2つのアプローチでクロスチェック）

インカム・アプローチ（DCF法）　　　　　　　　　（単位：百万円）

年度	0	1	2	3	4	5	6	7	8	9	10
FCF	425	444	461	480	499	519	540	561	584	607	631
残存価値											6,313
WACC		0.045	0.045	0.045	0.045	0.045	0.045	0.045	0.045	0.045	0.045
現在価値	425	424	422	420	418	416	414	412	410	408	4,471
NPV	8,644										

年度	0	1	2	3	4	5	6	7	8	9	10
売上高	6,000	6,240	6,490	6,749	7,019	7,300	7,592	7,896	8,211	8,540	8,881
売上原価	3,600	3,744	3,894	4,050	4,211	4,380	4,555	4,738	4,927	5,124	5,329
販売管理費	1,620	1,685	1,752	1,822	1,895	1,971	2,050	2,132	2,217	2,306	2,398
営業利益（EBIT）	780	811	844	877	912	949	987	1,026	1,067	1,110	1,155
実効税率	0.4	0.4	0.4	0.4	0.4	0.4	0.4	0.4	0.4	0.4	0.4
減価償却費	50	50	50	50	50	50	50	50	50	50	50
設備投資	50	50	50	50	50	50	50	50	50	50	50
WC	1,080	1,123	1,168	1,215	1,263	1,314	1,367	1,421	1,478	1,537	1,599
ΔWC	43	43	45	47	49	51	53	55	57	59	61
FCF	425	444	461	480	499	519	540	561	584	607	631

前提：売上げは毎年4%づつ増える／売上原価は売上高の60%で一定／販売管理費は売上高の27%で一定／実効税率は40%で一定／投資が毎年5000万円必要。減価償却費は10年定額法／WCは売上高の18%で推移する／0年度のΔWCは43百万円とする／残存価値は10年度FCFの10倍とする

企業価値は0年度のNPVの　**8,644百万円**

マルチプル・アプローチ（EBITマルチプル）

類似企業平均では、企業価値（株価×発行済株式数）はEBITの14.5倍であった

0年度のEBITは780百万円

これに上記の14.5倍を掛けると、企業価値は

11,310百万円

コツ・留意点

1 本文中に紹介したDCF法と、特にEBITやEBITDAなどを用いたマルチプル法は、全く関係のない別角度からのアプローチではありません。詳細は割愛しますが、市場が効率的で、かつ予測財務諸表の前提や見積もりが正確であれば、理論的に両者で求めた数値は一致することが知られています。ただし、実際にこの2つが一致することは稀で、図表40-2に示した程度の誤差が生じるのは一般的です。なお、同じマルチプル・アプローチでも、獲得顧客数やアクティブ・ユーザー数に倍数を掛けるという、主にネットビジネスで用いられている企業価値評価方法は少し別物です。そもそも株式公開している企業の将来の利益すら現時点では見越せません。その意味でかなり恣意性は高いのですが、現実に業界の共通認識として通用しているため、ネット企業の経営者たちも、獲得顧客数やアクティブ・ユーザー数を高めるべく努力をしているのです。

2 企業価値評価では、1つの方法だけに頼るのではなく、2つ以上、できれば3つ以上の方法で計算してその平均をとると精度が上がるとされています。ただし、どれについても、前提の納得感があることは必要です。

7章

組織マネジメント・リーダーシップ編

7 章で学ぶこと

　本章で説明していく分析手法は、組織やリーダーシップ、あるいは変革に関する課題を特定するためのものです。

　まず**リーダーシップ・パイプライン**は、組織のどこでリーダー育成が目詰まりを起こしているかを知ると同時に、個々人の管理職としての能力開発のヒントも得ることのできる非常に優れた分析ツールです。これをもともと発達させたゼネラル・エレクトリック（GE）が世界有数のリーダー輩出企業として知られていることからも、その威力が予想できるでしょう。

　フォロワー分析は、フォロワーのタイピングを行う分析です。昨今、リーダーだけが良い組織は必ずしも生産性が高くないことが示され、フォロワーシップの重要度が着目されています。組織開発やリーダーシップの発揮の仕方を考える上でも有効な分析ツールです。

　Skill-Will マトリクスは組織構成員の現状を把握する分析方法の１つです。シンプルではありますが、多くの示唆が得られる分析手法です。

　フォースフィールド分析は変革やプロジェクトがなぜ前に進まないのかを、人の心の側面から分析するものです。うまく用いれば、意識合わせにも使えますし、チームの協業やその意識を促進することになる分析方法です。

ジョハリの窓は、自分自身を再確認したり、人からの見られ方を知ることのできる、これまた多くの効果をもたらす分析ツールです。

組織の分析と言うと、補遺 254 ページでご紹介する 7S くらいしか知らないという方もいらっしゃいますが、それではもったいないとしか言いようがありません。ぜひ本章でご紹介する分析ツールを身につけられることで、生産性の高い組織や効果的なリーダーシップを実現するきっかけとしていただければと思います。

41 リーダーシップ・パイプライン

優れたリーダーやマネジャーを輩出していくためのフレームワーク、分析ツール。各転換点ごとに、管理職のリーダーシップのあり方を変える必要があると考える。

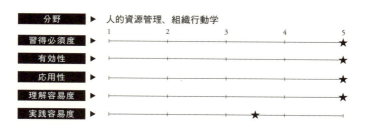

基礎を学ぶ

活用すべき場面
- 自社の管理職がそれぞれの職務階層でうまく機能しているかを知る
- 管理職の育成がどこで目詰まりしているかを知る
- 個々人の管理職としての課題を知る
- 人材育成の制度設計のヒントとする

考え方

優れたリーダーやマネジャーを輩出していくためのフレームワークに、リーダーシップ・パイプラインがあります。このフレームワークは、リーダーシップ開発に長けた企業として有名なゼネラル・エレクトリック（GE）におけるプラクティスなどを基に開発されました。

このフレームワークを紹介した『リーダーを育てる会社　つぶす会社』（英治出版）の著者であるラム・チャランらは、リーダーと

リーダーシップ・パイプライン No.41

図表41-1 リーダーシップ・パイプライン

注：この道筋は、ウォルト・マーラーの「クリティカル・キャリア・クロスロード」に基づいており、職務要件（スキル、業務時間配分、職務意識）における主な変化を示している

出典：ラム・チャラン、ステファン・ドロッター、ジェームス・ノエル著
『リーダーを育てる会社　つぶす会社』英治出版、2004年

個人ごとのアセスメント

	あるべき姿	現状
スキル		
時間配分		
職務意識		

なるべき人間は、昇進・昇格に伴い、新しいスキルを身につけるとともに、時間配分を変え、また職務に対する意識を変える必要があると説いています。

言い方を変えれば、この3つを実現できそうにない人間は、どれだけ下の階層で良いパフォーマンスを残していても、昇進昇格させるべきではないということです。

図表41-1の下図に示したように、現時点の職務におけるあるべき姿と現状を比較分析すると、その管理職がどのように能力開発すべきかのヒントを得ることもできます。

チャランらがこのフレームワーク開発に至った背景には、ある階層では優秀だった人間が、次の階層になるとなぜか無能化してしまうという現象がよく見られたということがあります。彼らはこの現象を分析した結果、ある結論にたどり着いたのです。

それは、リーダーに求められるリーダーシップは、すべての階層

で同じではなく、課長には課長の、部長には部長のリーダーシップが必要ということです。

　言われてしまえば至極当たり前のことではあるのですが、我々は「リーダーシップ」という概念をひと括りにしがちです。それを階層に応じてブレークダウンしたところに、リーダーシップ・パイプラインのオリジナリティがあります。

　ただし、新しいスキルを身につける、時間配分を変える、また職務に対する意識を変えるという３つのことを同時に実現することは至難の業です。現実には、多少見込みで昇進・昇格させないといけない場面も多いでしょう。理論としては非常によく考えられてはいるのですが、これを実際の組織にどう当てはめていくかは大きな課題と言えます。特に、日本企業ではその職能のチャンピオンをそのままより上級の管理職に昇進させる傾向が強いため、一層難しい側面があることは認識しておくべきです。

事例で確認

　図表41-2はある企業における中間管理職２人について、スキル、時間配分、職務意識の分析を行い、問題点、改善点を検討しようとしたものです。

　Ａ係長については、プレーヤー意識が抜けきれず、肩書はついているものの、ほとんど管理職としては機能していないことがわかります。もし彼／彼女を今後も管理職として育てたいのであれば、そもそも管理することの意義をしっかり説き、そのためのスキル開発を支援する必要がありそうです。

　Ｂ部長は、エンパワメントなどは行っており、部下の指導や育成は一定レベルできているものの、視座の低さが気になります。彼／彼女の上長としては、より全社意識を持つこと、他の部長との協業の重要性などを理解させる必要があるでしょう。

リーダーシップ・パイプライン No.41

図表41-2　2人の管理職の分析例

A係長

	あるべき姿	現状
スキル	計画立案、アサインメント、動機付け、コーチング、他人の仕事の評価などの管理ノウハウを学び、実行する	現場の業務は相変わらず得意であるが、管理ノウハウはほとんど身についていない
時間配分	プレーヤーとしての時間配分は6割程度、管理者としての時間配分を4割程度としたい	90％以上の時間をプレーヤーとして用いており、部下に仕事を丸投げする傾向がある
職務意識	管理業務や部下のために働くということに意義を見出す必要がある	管理業務にあまり意義を見出せていない

B部長

	あるべき姿	現状
スキル	「管理職の管理職」としての指導が必要。また、他部署とのコミュニケーション力、調整力などもさらに必要になる。戦略に関する知識もさらに必要	エンパワメントは概ねできているが、自分の部署に思考が留まりがちで、他部署と時々軋轢を起こす
時間配分	職務機能の業務を大部分部下に移譲し、自分は管理業務や戦略立案、他の部長との協業に時間を割く必要がある	エンパワメントは良好。外部とのネットワーキングに時間を使っているが、社内の協業にはあまり時間を割いていない
職務意識	会社全体のことを考え、大局的な視点を持つとともに、新しいことにもチャレンジが必要。コミュニケーションをとにかく重視しなくてはならない	自部署の目標に対しては貪欲な一方で、全社視点がやや欠如している

コツ・留意点

1 各管理層における「あるべき姿」については、『リーダーを育てる会社　つぶす会社』に典型的な例が示されていますので、ご興味のある方はそちらを参考にしてください。ただし、企業によって、同じ「部長」といっても求める資質は変わってきますし（例：グローバル企業と国内の地方企業の差異）、同じ企業内であっても、製造部長と広報部長ではまた若干異なる資質が求められる可能性もあります。そうした差異を理解することが必要です。なお、『リーダーを育てる会社　つぶす会社』で紹介されている典型例は、GEというグローバル規模のエクセレントカンパニーでのプラクティスをベースにしていますので、平均的な日本の上場企業に比べると各階層で求められるスペックがやや高目に設定されている感がありますので注意してください。

2 実際の人事で判断が難しいのは、個人差への対応です。管理職の教育や育成は、ある程度の手順を踏めば一定の効果は出るものですが、それでも人間は一人ひとり個性がありますので、完全な標準化はできません。どこまで個人に誂えたリーダー育成を行うかは重要な課題と言えるでしょう。

42 フォロワー分析

フォロワーのタイプ分けの分析。リーダーにとってもフォロワー自身にとっても示唆が得られる分析である。

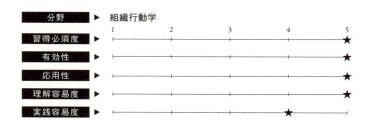

基礎を学ぶ

活用すべき場面
- フォロワー自身が自己のフォロワーシップのあり方や成長の方向性を考える判断材料とする
- リーダーがチームビルディングや異動、採用のヒントとする

考え方

リーダーシップは、誰に対しても同じように機能するわけではありません。リーダーシップ論に関する研究では古くから条件適合理論が唱えられ、状況に応じて効果的なリーダーシップは異なるという見解がありました。その一例がシチュエーショナル・リーダーシップ理論です。これは部下の発達度（経験や成熟度合いなど）に応じて、適したリーダーシップのスタイルは変わるというものです。

ところで近年、フォロワーシップという考え方が広まっています。これは、リーダーだけが良ければ組織がうまく回るわけではなく、リーダーにつき従う人々も適切なフォロワーシップ行動をとる

フォロワー分析 No.42

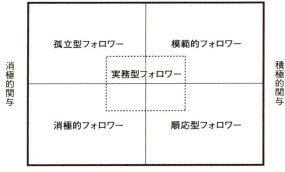

図表42-1 フォロワーの分類

出典：ロバート・ケリー『指導力革命』プレジデント社、1983年をもとにグロービスで加工

ことが、チームや組織を効果的なものにするという考え方です。組織のフラット化もこの流れを促しました。良きフォロワーは良きリーダーとなる可能性が高いことも示されています。

では、フォロワーはどのように分類されるのでしょうか？ フォロワーの分類方法には多数のものがありますが、ここではカーネギーメロン大学教授のロバート・ケリーによる分類を紹介します。

これは模範的なフォロワーとはどのようなものかを意識した上で、独自のクリティカル・シンキング（健全な批判的思考）の度合いと積極的関与の2軸でマトリクスを作るものです。

この分析により、リーダーはコーチング等のヒントを得ることができますし、職場のパフォーマンスを上げるための方策を検討し易くなります。

図表42-1中の5つのフォロワーは以下のような人々です。

模範的フォロワー：同僚たちの目には、独立心が旺盛で、独自の考え方を持ち、革新的で、かつ建設的な批評を行い、リーダーに物

怖じしない人物と映る。

順応型フォロワー：リーダーという権威に対し、盲従的に順応する
　ことが必要と思いこんでいる。

実務型フォロワー：リーダーの決定に時々口を挟むが、批判的では
　ない。要求される仕事はこなすものの、期待以上の仕事をするこ
　ともあまりない。

孤立型フォロワー：リーダーを批判する一方で、自分自身は努力し
　ないタイプ。職場環境を悪いものにしやすい。

消極的フォロワー：リーダーへの依存度が高く、自律的に動けな
　い。エネルギーレベルも低く、リスクテイクもほとんどしない。

　この中で、平均的な組織において最も多いのは実務型フォロワー
で、ついで順応型フォロワーがそれに続くとされています。

事例で確認

　リーダーを含め8人からなる部署のフォロワーを上記の枠組みで
分類した例が図表42-2です。AからGが個々人に該当します。

　まず問題なのは、模範的フォロワーがいないことです。模範がい
なければ、他のフォロワーの成長も阻害されますので、何らかの手
を打ちたいところです。1つの方法論としては、最もそれに近いC
氏の自律心を高めるべくコーチングし、彼／彼女を模範的フォロ
ワーとすることです。

　もう1つ気になるのは、F氏とG氏の存在です。特にG氏は職
場への悪影響が考えられます。すぐに異動というわけにはいかない
かもしれませんが、少なくとも他のメンバーへの悪影響が少なくな
るようなアサインメントの工夫等が必要と言えるでしょう。

　全般的に未熟なフォロワーが多いので、リーダーがしっかりした
行動を取らないと、職場のパフォーマンスが大きく下がるリスクを
内包していると言えるでしょう。

フォロワー分析 No.42

図表42-2 フォロワーを分類した例

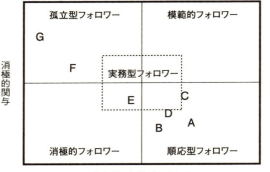

出典:ロバート・ケリー『指導力革命』プレジデント社、1983年をもとにグロービスで加工

コツ・留意点

1 ロバート・ケリーは、模範的なフォロワーについて研究した結果、彼らには以下のような特性が備わっていることを発見しました。①仕事において付加価値を生み出すことに熱心で、それを実現する、②人間関係を育むことが得意で、チーム内、チーム外、そしてリーダーとも良い関係を構築できる、③「勇気ある良心」を持っており、時にはリーダーに進言を行うなど、高い視座から物事を考えることができる。こうした特質をすべてバランス良く備えているフォロワーは少ないかもしれませんが、リーダーとしては各人の現状も踏まえた上で、それに近づくべく育成したいものです。それが結局、組織全体として優れたリーダーを輩出する土壌ともなるのです。

2 リーダーシップは行動や機能であり、職位そのものとイコールではありません。つまり、ある局面では部門長も部員のフォロワーとなるのです。それを考えると、リーダーがフォロワーを育成する1つの方法として、そうしたシーンにおいて、自らが良きフォロワー行動をとる、というものがあることに気づきます。上下関係を越えたフォロワーシップの率先垂範がカギとなるのです。

43 Skill-Willマトリクス

Skill（スキル）とWill（やる気）でマトリクスを作り、企業や部署のスタッフの状況を知る分析。

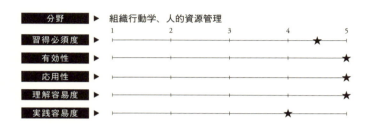

基礎を学ぶ

活用すべき場面
- 部署のパフォーマンスを上げるヒントを得る
- 人員の偏りを知ることで、スタッフィングなどのヒントを得る

考え方

Skill-Willマトリクスは、マトリクス分析の中でも非常にポピュラーなもので、部署の置かれた状況を知るのに役に立つ分析方法です。

Skill-Willマトリクスでは、**図表43-1**に示した4つの象限にある企業や部署の人間をプロットし、全体のバランスを見ます。

作図の際にポイントとなるのは縦軸、横軸の中心の線をどこに引くかということです。これにはさまざまな方法がありますが、一般には平均をとるか、過去の調査などから導かれた経験知的な値をとるのが一般的です。いずれにせよ、中心線をどこに置くかで分析結果の見栄えは大きく変わってきますので、目的に照らして最初に慎

Skill-Will マトリクス No.43

図表43-1 Skill-Will マトリクス

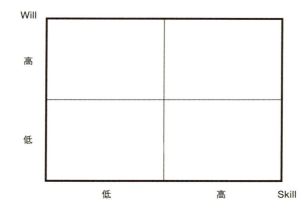

重に決める必要があります。

　実際の測定に関してですが、最も簡便な方法では上長の評価した値をそのまま使います。つまり、上長から見えている様子をそのまま点数化するのです。

　ただし、この方法には弱点もあります。第一に、部署が大きくなり、中間管理職が増えてくると、それぞれの管理職によって評価がばらつくという傾向が出てきます。これを避ける1つの方法は、直属の上司の評価ともう1階層上の上司の平均（あるいは7対3などで重みをつけた加重平均）をとるというものです。場合によっては、関連性が強い「斜め上」の上長も評価に加わります。

　第二に、スキルの測定に関しては、潜在的なスキルの測定がやや難しくなるという弱点もあります。たとえば、仮にあるスキルが高かったとしても、アサインメントや指示が適切でないと、低い点数をつけられてしまう可能性が高くなります。

　スキルは、そもそも顕在化しているものだけを測定すれば十分と

いう考え方もなくはありませんが、それでは最適な人員配置はできません。英語力を測定する TOEIC や TOEFL のように、ある程度客観的な評価ができるツールがあるなら、それを評価の一部に充てるのも一法です。

やる気に関しても、上長評価だけでは正確な数値化は難しいものです。何かしらの質問票を作成し、それに答えてもらうという方法と併用するのがよく用いられる方法です。

いずれにせよ、社内比較などを行う際には、極力 apple to apple となるように、評価方法や項目は揃えることが必要と言えるでしょう。

事例で確認

図表43-2 はある部署の Skill-Will マトリクスの分析例です。縦軸、横軸の中心線は、過去の分析結果から導き出した、「クリアしてほしいライン」を示しています。

まず言えそうなのは、概ねスキルとやる気には正の相関関係がありそうだということです。逆に言えば、スキルが低い社員はやる気も低くなりがちということで、事実、8人中2人が両方とも低いセルに属してしまっています。この2人をいかに右上の方向に持っていくかが、上司としての力量が問われる点と言えるでしょう。

B氏の存在も気になります。スキルが最も高いのに、やる気が最も低いというのはかなりの異常値です。これでは生産性は上がりませんし、職場の雰囲気を悪いものにしてしまいかねません。アサインメントの問題なのか評価の問題なのか、あるいはプライベートの問題なのか、理由はいろいろ考えられそうです。ひょっとするとメンタルのトラブルなどの可能性もありますので、法令順守にも気をつけながらコミュニケーションし、問題解決を図る必要があります。

Skill-Will マトリクス No.43

図表43-2 Skill-Will マトリクスの分析例

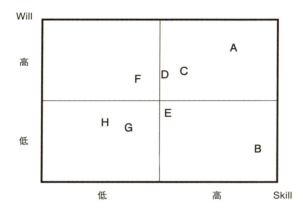

コツ・留意点

1. Skill-Will マトリクスで分析をすると、**図表43-2** のように正の相関がみられることが少なくありません。ただし、これは往々にしてハロー効果によっても生じることがあるので注意が必要です。ハロー効果とは、ある要素に全体の評価や他の評価が影響を受ける現象です。つまり、やる気のある社員はスキルも高いように見えてしまい、またスキルの高い社員はやる気も高いように見えてしまうということです。結果的に正の相関があること自体は問題はありませんが、測定の段階でバイアス（思考の歪み）による不適切な評価をしていないかは十分に注意しておきたいものです。

2. Skill-Will マトリクスは、まずは全体の傾向を見るために使いますが、さらに踏み込んで個々人がそこにプロットされた理由を追求していくと、有効な示唆が得られることがあります。たとえば**図表43-2** のAさんは、この部署の中では皆がお手本にすべき存在とも言えます。彼／彼女がこのような状態に至った理由やプロセスを知ることで、それを他の社員にも応用し、組織全体の生産性を向上させることができるかもしれないのです。

44 フォースフィールド分析

人々の心に働く推進力（前に進めようとする力）と抵抗力（前に進めるのを妨げる力）を分析する手法。

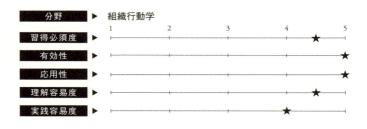

基礎を学ぶ

活用すべき場面
- 変革がうまく進んでいない理由を探る
- その理由を可視化することで、チームとしてそれを乗り越えるための改善策を検討する

考え方

　フォースフィールド分析は、あるプロジェクトや計画がうまくいっていない場合などに、その原因を「人の心に作用している見えない力」の面から「推進力」と「抵抗力」に分けて捉え、可視化するものです。

　ポイントは、この「可視化」です。これにより、推進力を増し、抵抗力を低減するような施策を皆で考えるというのがフォースフィールド分析の狙いです。

　フォースフィールド分析では、**図表44-1**に示したように、通常は左側に推進力を、右側に（左向きで）抵抗力を表します。

フォースフィールド分析 No.44

図表44-1 フォースフィールド分析のイメージ

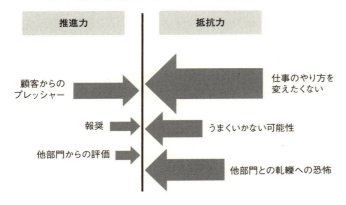

　要素を書く順番には特に明確な決まりはないようですが、分析者によっては、推進力も抵抗力も大きい順に並べることで分かりやすくするなどの工夫をします。

　より重要な点は、それぞれの力の大きさです。フォースフィールド分析では、それぞれの力の大きさを矢印の大きさに比例させて描きます。重要なものほど大きくなるように相対感に気をつけます。

　図表44-1の例で言えば、抵抗力は、「仕事のやり方を変えたくない」「他部門との軋轢への恐怖」「うまくいかない可能性」の順で大きいということです。

　この大きさは、1人の分析者がすべてを決めるのではなく、チーム全体で議論しながら決めることが肝要です。なぜなら、この分析は、実際の問題解決もさることながら、議論を行うことで、メンバーのメンタルモデルを揃えることに重要な意味があるからです。

　議論をするのはそれぞれの力の大きさばかりではありません。「こうしたことも推進力（あるいは抵抗力）になっているのではない

か」といった発言を皆が忌憚なく行うことが重要です。

　一人ひとりの心の中は、他の人間からは見えないものです。だからこそ、このチャートを共同で作ることにより、そうした普段は見えない「心に働いている力」を可視化し、チームとして共有することが大事なのです。プロジェクトや計画の内容にもよりますが、リーダーが見えている「心に働く力」は、全体の6割、7割以下ということも少なくありません。

　なお、この「心に働く力」は書きだしていくとキリがありませんので、いったんある程度の時間をかけて書きだしたら、影響力の小さなものは随時省き、それぞれ10個程度かそれ以下にまとめるのが一般的です。

　その上で、通常は抵抗力の方の重要なものから、いかにそれを和らげることができるかをブレーンストーミングしていきます。

事例で確認

　図表44-2にある企業におけるベンダースイッチの案件に関するフォースフィールド分析の結果を示しました。

　このプロジェクトの推進がうまくいっていない理由としては、特にベンダーをスイッチした後のトラブルのリスクと、新入りX氏に対する嫉妬の2つがあることがわかります。

　前者に関しては、まず部分的に導入して実績を作るなどが考えられるでしょう。

　後者のようなことが意外に大きな抵抗力になっていることが判明するのもフォースフィールド分析の醍醐味です。これに対する対策としては、自分たちが自信を持てるようなプロジェクトを別途発案する、嫉妬は何も生産的なことは生み出さないことをリーダーが改めて強く言う、などが考えられます。

フォースフィールド分析 No.44

図表44-2　ベンダースイッチに関するフォースフィールド分析例

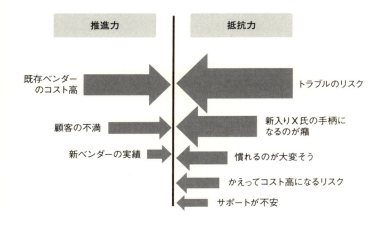

コツ・留意点

1　この分析では、スタッフの本音を引き出すことが重要なポイントとなります。しかし、当然ながら、人間は人前では公開したくない事情というものも持ち合わせているのが普通です。あるいは、「リーダーを信用できない」といったことを当のプロジェクトリーダーに直接言うのは憚られる、という人間も多いことでしょう。これではこの分析の効果が減じてしまいます。そこで次善の策としてよく利用されるのは、まずは匿名でコメントを記入してもらうというものです。こうすることで、ある程度の本音は出てくるようになります。とは言え、特に抵抗力としてメンバー（特にキーパーソン）の固有名詞が入っている場合などは、その後の議論が進めにくくなるのが普通です。これに関しては、特効薬はなかなかありません。「個人攻撃はしない」など、何らかのルールを決めて是々非々で対応するのが一般的です。

2　分析後の対策に関するブレーンストーミングは、通常、順序立ててフォーカスを絞りながら進めるのが有効とされています。重要なものについては、1つひとつしっかり時間を取って議論することが重要です。

45 ジョハリの窓

対人関係における気づきのモデル。自身に関して「自分が知っている/知らない」という軸と「他者が知っている/知らない」という軸でマトリクスを作る。ジョセフ・ルフトとハリー・インガムが開発した。

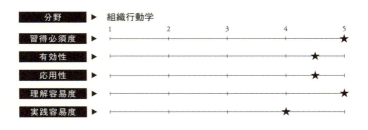

基礎を学ぶ

活用すべき場面
- 自分自身を再発見する
- 自分がどのくらいオープンに本性をさらけ出しているかを知る
- メンバーの人材育成のヒントを得る

考え方

　自分自身が認識している自分と、他人が認識している自分は通常異なるものです。それを明らかにすることで、自分自身も気がついていない自分の良さを知ったり、またそのギャップから自己開示の適切さを知ろうというのがジョハリの窓の考え方です。

　ジョハリの窓のやり方には選択式と記述式があります。一般によく用いられているのは選択式ですが、企業によっては記述式のジョハリの窓を実施しているところもあります。

　ここでは典型的な選択式のやり方について紹介しましょう。まず、人間の特徴を表すキーワードを20から30程度ピックアップし

ジョハリの窓　No.45

図表45-1　ジョハリの窓

	自分が知っている	自分が知らない
他者が知っている	開放の窓	盲点の窓
他者が知らない	秘密の窓	未知の窓

ます。たとえば、①勇敢、②リスクテイク、③慎重、④熟慮するタイプ、⑤行動的……などです。

そして、5人前後のグループで、自分と他者について、それぞれの要素が当てはまるかどうかを記入します。そして、自分が書いた他者評価を相手に渡します。自分の手元には人数分の他者から見た評価が集まることになります。

まず、自分も書いて、他人も書いた要素を「開放の窓」に記入します。自分は書かなかったのに他人が書いた要素は「盲点の窓」に記入します。この際、たとえば6人のグループでこのワークをした際に、他者5人のうち1人しか書かなかったものをどう扱うかという問題も生じますが、通常は「2人以上が書いたものをカウントする」などのルールを定め、該当するかしないかの基準を設けます。

同様にして「秘密の窓」「未知の窓」も埋めていくと、自分と他者の自分自身に対する見方のギャップが浮き彫りになります。

たとえば、ほとんどの項目が「開放の窓」と「未知の窓」に収まっ

たという人は、自分が認識している自分と他人が見ている自分にほとんどギャップがないということになります。そうすると、「ありのままに自分を表現している」などと評価できるのです。

　逆に多くの項目が「盲点の窓」と「秘密の窓」に集まったという人がいたら、その人は自分の良さも分かっていない上に、秘密が多く、ありのままの自分を外に見せていないということになります。成長をする上で正しい自己認識や、周りの協力を取り付けることは大事ですので、その意味で損をしていると言えるでしょう。

　記述式のやり方では、通常はもっと少人数で、ありのままに思ったことを書いてもらいます。やり方に絶対的なルールがあるわけではありませんが、ポジティブな要素だけではなく、ネガティブな要素を書くケースもあります。

　記述型のジョハリの窓はより深い部分まで突っ込んで差異の分析が行えるというメリットがあります。一方で、そこまで書ける人間は限定されているのでサンプルに偏りが出る、あるいは書き方によっては人間関係にしこりを残すなどの留意点もあります。

事例で確認

　選択式で実施したジョハリの窓の例が**図表45-2**です。

　ここでは20個のリーダーシップ項目について分析しましたが、そのうち12個が「開放の窓」に入っているのは好ましい傾向と言えるでしょう。一方で、「リスクテイク」「論理思考」「創造性」「内省」が未知の窓に入ったのはリーダーとしてさらなる成長をする上で課題と言えそうです。

　全般的に、裏表がなく、また「盲点の窓」がやや多いことは謙虚さの発露とも取れますので、バランスは良いと思われます。「未知の窓」に入った個々の要素の克服が最重要課題と言えるでしょう。

ジョハリの窓　No.45

図表45-2　ジョハリの窓の例

	自分が知っている	自分が知らない
他者が 知っている	**開放の窓** ・率先垂範　　・全社意識 ・達成意欲　　・顧客志向 ・多様性の受容　・成長意欲 ・情報共有　　・外向的 ・組織文化の体現　・遵法 ・率直　　　　・相互理解	**盲点の窓** ・公正さ ・傾聴 ・自責
他者が 知らない	・権限移譲 **秘密の窓**	・リスクテイク ・論理思考 ・創造性 ・内省 **未知の窓**

コツ・留意点

1　図表45-2 の分析からも分かるように、ジョハリの窓では、それぞれの窓に入った個数のバランスに加え、具体的にどの項目が各窓に入ったかをしっかり理解することが必要です。特に能力開発という意味では、「未知の窓」にどの項目が入ったかは非常に重要です。ここは自他共に認める欠如している点（弱み）だからです。

2　ジョハリの窓は、ネット上で一般に公開されている分析項目などもあります。サイトにもよりますが、そこでは、ビジネスパーソンに必要と思われる項目を 30 から 60 個くらい用意しており、それを用いれば誰でもジョハリの窓のワークショップを行うことが可能です。ただし、そうした公開版のジョハリの窓の項目は、極めて平均的であるため、ある企業の特定の職位や職能の人々には向かないことも少なくありません。項目数が多いと手間もかかります。そこで、目的にもよりますが、そうした項目の中から、自社に合ったものをピックアップするのが実務的です。また、記入式のメリットも得るために、簡単な自由記述も併用し、分析の精度を高めるケースもあります。

8章

ゲーム理論・ネゴシエーション編

8 章で学ぶこと

　最終章の本章では、経営大学院ではアドバンス科目でもある
ゲーム理論とネゴシエーションに関する分析ツールをご紹介しま
す。

　ゲーム理論は、ノイマン型コンピュータの発明者としても有名
なフォン・ノイマンらによって創始された分野です。数式や
チャートなどが多用されるためやや取り付きづらい分野ではあり
ますが、近年では当初のエコノミクス（ミクロ経済学、産業組織
論、国際貿易論など）だけではなく、ビジネスにも広く応用され
るようになりつつあります。

　本書ではその中から基本中の基本である**ゲームのテーブル分析
（同時進行ゲーム）**と**ゲームの木分析（交互進行ゲーム）**について
説明をします。いずれも応用範囲は極めて多岐にわたりますの
で、基礎固めとしてしっかりご理解ください。

　ネゴシエーションは、属人的な人間性などによる部分が大きい
分野でもありますが、一方で、科学的な分析が効果を上げる分野
でもあります。

　本書では、交渉や説得のステップを有効に進めるための**説得の
3層構造**と**5つの核心的欲求**、そして多数の人間が関係する複雑
な交渉の準備に役に立つ**ステークホルダー・マッピング**をご紹介
します。いずれも、明日からでもすぐに役に立つ即効性の高い分
析ツールです。

220

いよいよ本書もあと5項目となりました。ゲーム理論の2項目が特に難易度が高いと感じられる方もいらっしゃるかもしれませんが、ぜひ最後まで集中力を切らさずに目を通していただければと思います。

46 ゲームのテーブル分析
（同時進行ゲーム）

ゲーム理論において、プレーヤーが同時に行動（意思決定）する場合に、それぞれのケースでお互いがどのような利得を得るかを知る分析。

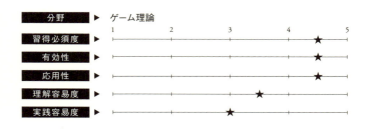

基礎を学ぶ

活用すべき場面
- 同時進行ゲームにおいて、取るべき戦略を知る
- 自分が置かれた環境が、ゲーム理論で研究されている典型的な構造になっていないかを確認し、打ち手のヒントを得る

考え方

ゲーム理論では、相手の行動を合理的に予測し、自分も合理的に行動するということが基本となります。

ゲーム理論における同時進行ゲームは、プレーヤーが互いに相手が次にどのような行動をとるか知らないで、同時に意思決定を行うゲームのことです。卑近な典型例は、ジャンケンやサッカーのペナルティキック（PK）です。たとえばPKでは、キーパーは相手の反応を見てから動く方向を決めるのではなく、基本的にキッカーがボールを蹴るのと同時に反応します。勘が当たって相手の蹴る方向に飛べれば、一定の確率でゴールを守ることができます。

ゲームのテーブル分析（同時進行ゲーム） No.46

図表46-1 ゲームのテーブル分析（同時進行ゲーム）

（単位：億円）

メーカー B 社

	合意守る	合意守らない
メーカーA社 合意守る	50 / 50	150 / −10
メーカーA社 合意守らない	−10 / 150	20 / 20

　同時進行ゲームでは、それぞれのプレーヤーがある行動をとった時に、自分と相手がどれだけの利得を得るかを分析し、合理的な判断を行おうというものです。

　図表46-1 は、2つのメーカー間で合意事項を守るかどうかで、それぞれどれだけの利得（ここでは利益とします）が得られるかを示したものです。形がテーブル状になっているので、ゲームのテーブルと呼ばれます（226ページのゲームの木とは形が違うことに注意してください）。

　意思決定は1回のみできるものとし、相手が行動を取った後に修正することはできないものとします。また、このケースでは、2メーカー間の合意はあくまで「阿吽の合意」であり、合意を破ろうが順守しようが法律には触れないものとします。一方、直接交渉することは法律に触れるものとします。

　図表46-1 のテーブルの各セルにおいて、左下に書いてあるのがA社の利得、右上に書いてあるのがB社の利得です。なお、表記

方法はこれだけではなく、たとえば右上のセルであれば（－10、150）のように（A社の利得、B社の利得）という表記をすることもあるので注意してください。

さて、**図表46-1**の例に戻ると、一見すると、合意を守らないよりも合意を守る方が両社の利得が大きくなるため合理的に思われます。

では、両社が合意を守るかと言えばこれは判断が難しいものがあります。なぜなら、A社にせよB社にせよ、自社だけが合意を守り、相手がそれを破れば、自社のみが損失を出し、相手は大儲け、という事態になるからです。

実はこれは有名な「囚人のジレンマ」の状況です。仮に直接交渉することができれば両社とも50億円の利得を得ることができるのですが、それは今回許されていません。自社のみが損をする事態を恐れてお互いが合意を破る結果、お互いが合意を守った時よりも小さなリターンしか得られなくなってしまいます。

この構造を理解できるかどうかで、合理的な意思決定がとれるかどうかが大きく左右されてしまうのです。

事例で確認

同様の分析を別の例で行ったのが**図表46-2**です。あるライバル週刊誌同士が、メインの特集を何にするかでどれだけの売上げ部数をとれるかを見積もったものです。

この例が先の**図表46-1**の「囚人のジレンマ」と異なるのは、C社はスキャンダルを、D社は政権批判をメイン特集にした方が、相手の特集に関係なく、自社にとっての利得が大きいということです（これを絶対優位の戦略と言います）。つまり、お互いが合理的に判断するなら、両社とも図表の右上の象限の戦略を打ち出す方がいいという結論になるのです。

ゲームのテーブル分析 (同時進行ゲーム)　No.46

図表46-2　ゲームのテーブル分析例

（単位：万部）

週刊誌D社

	スキャンダル	政権批判
週刊誌C社　スキャンダル	15／25	25／10
週刊誌C社　政権批判	5／20	10／5

コツ・留意点

1　次項の「ゲームの木」分析も同様ですが、ゲーム理論の難しさの典型は、理論的には精緻であるものの、実際に利得を数値化することが難しいことと、「同時進行」などのモデルがなかなか現実を反映しにくいということでしょう。また、人間が本当に合理的に意思決定を行うのかという問題もあります。人間は感情の動物であり、また錯覚をする動物であるという点は、実務では意識しておきたいものです。

2　同時進行ゲームには、本文中に示した「囚人のジレンマ」や「絶対優位の戦略」以外にも、「男女の争い」や「ナッシュ均衡」など有名な構造や取るべき戦略があります。これらは知っておいて損はしませんので、著名なものはその原理は押さえておきたいものです。ちなみに、「囚人のジレンマ」の状況であっても、裏切った相手に制裁を科せる場合や、ゲーム（取引）が1度きりではなく長期間にわたって何度も行われる場合は裏切りに報復できるため、お互いに裏切りをしなくなることが知られています。かつてのOPECのカルテルが機能したのも、このメカニズムによるものでした。

47 ゲームの木分析
（交互進行ゲーム）

ゲーム理論において、プレーヤーが交互に行動（意思決定）する場合に、それぞれのケースでお互いがどのような利得を得るかを知る分析。

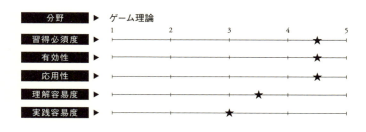

基礎を学ぶ

活用すべき場面
- 交互進行ゲームにおいて、取るべき戦略を知る
- 情報非対称ゲームなどに活用する

考え方

ゲーム理論における交互進行ゲームは、プレーヤーが互いに相手の次の行動を予測して意思決定を行うゲームのことです。卑近な典型例は、囲碁や将棋です。囲碁でも将棋でも、プレーヤーは、「自分がこう打ったら（指したら）、相手はこう来るだろう。そしたら自分はさらにこう攻めよう」などと数百パターン以上の展開を読んで、その中から最善と考えられる手を選びます。

ビジネスにおいても、交互進行ゲームはよく見られます。たとえば交渉などがその例です。自分の出方によって相手の行動は変わります。そして、それによってまた自分たちの行動も変わっていくのです。

ゲームの木分析 (交互進行ゲーム) No.47

図表47-1 ゲームの木分析（交互進行ゲーム）

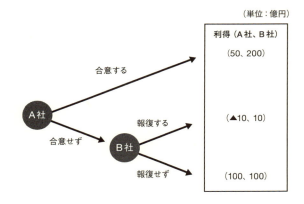

　これを樹形図のように示して分析するのが**図表47-1**のゲームの木分析です。58ページで示したディシジョンツリーに似た形をしています。ディシジョンツリーと大きく異なるのは、お互いの利得を示すことと、神のみぞ知る確率ではなく、プレーヤーの合理的な意思決定をベースとすることです。

　図表47-1の例は、B社がA社に何かしらの交渉条件を投げかけたシーンを想定しています。現実には、条件を変えて交渉するという選択肢もありますが、ここではそれは捨象し、A社はその条件に合意するか合意しないかという2つの選択肢があるものとします。

　交渉が合意されればA社とB社は争うことはありませんので、そこで利得（ここでは利益とします）が確定します。B社は200億円という大きな利益を得ることができます。

　問題は交渉が不調に終わった時です。このとき、B社には、交渉不調に対する報復措置（例：極端な値下げ）を講じる可能性があります。もしくは、何もせず、今まで通りビジネスを続けるという可

能性もあります。それぞれの場合の利得は、（▲ 10、10）と（100、100）です。

さて、この場合、A 社は B 社からの交渉条件を飲むべきでしょうか？　A 社としては報復措置が怖いところで、実際に交渉の中で B 社はそれを匂わせてくるかもしれません。

しかし、合理的に分析してみると、報復措置を行うと、B 社も大きく利益を下げてしまうことになります。一般には、そこまでして B 社が報復をするとは考えにくいものがありますので、A 社は、この交渉条件は拒否しても B 社は結局報復措置を講じないと推定できるのです。

実際にはより複雑な選択肢があることが多いのですが、このようにモデル化を行うことで、自社にとって最善の意思決定ができるようになるのです。逆に B 社サイドから見れば、交渉条件を変えるなど、別の手段を講じる必要性があることも分かります。

事例で確認

図表47-2 は、C 社が D 社に対して挑発的な X 案と、穏やかな Y 案を提示した場合のゲームの木です。

まず、D 社の立場から見ると、いずれの場合も拒否する方が受諾する場合よりも利得が小さくなります。したがって、C 社から考えた場合、D 社はどちらの条件を突きつけたところで、受諾せざるを得ないと考えられます。

そのうえで C 社がどちらの案を提示すべきかを考えると、挑発的な X 案の方が C 社にとっての利得が大きく、より有利な提案と考えられます。D 社としては忌々しいかもしれませんが、合理的に考える限り、C 社は X 案を提示し、D 社はそれを受諾せざるを得ないことがこの分析から分かります。

ゲームの木分析 (交互進行ゲーム) No.47

図表47-2 ゲームの木分析例

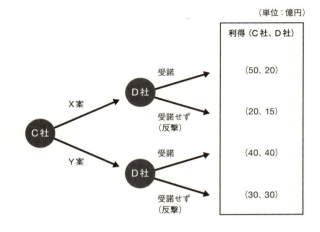

コツ・留意点

1. 本文中の2つの例の考え方からも分かるように、ゲームの木分析を行う際には、最終利得をベースに、逆算的に(後ろ向きに)選択肢を絞り込んで考えていきます。これを後ろ向き帰納法と言います。後ろ向き帰納法では、最終利得に近い場所の局所的な選択肢(これを部分ゲームと言います)を分析し、プレーヤーがどの選択をするかを考察します。そのうえで、そこで合理的な行動をとった時に得られるプレーヤーの利得を前提に、より上流の選択肢においてプレーヤーがどのような行動をとるべきかを考えていくのです。なお、部分ゲーム分析の際には、どちらのプレーヤーの選択や利得の大小が問題になっているかを的確に判断することが必要です。

2. ゲームの木分析により、相手の脅しなどがどのくらい信憑性があるかを判断しやすくなります。例えば図表47-1においては、B社が報復を匂わせても、それは信憑性が小さいと判断できるわけです。ただし、前項の「コツ・留意点」でも述べたように、人間が常に合理的とは限りません。ブラフをするときには、「自分は合理的には考えない」と見せかけることも有効なのです。

48 説得の3層構造

ネゴシエーションや説得の場面において、相手を動かすための条件やレバー(梃子)を特定する分析。

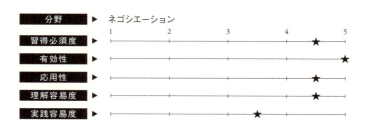

基礎を学ぶ

活用すべき場面
- 他人を説得する際に活用する
- 自分が説得されている際に、自己把握を行うことでWin-Winの状況を作りやすくする

考え方

人を説得するためには、相手の感情に配慮し、納得いくような論理性をもたせ、互いの利害を十分理解しておくことが必要となります。つまり、感情、規範(大義・価値観)、利得(利害)という要素を押さえておく必要があるのです。これらの個々の要素を「説得のレバー」と呼び、**図表48-1**に示したこれらの階層構造を「説得の3層構造」と呼びます。

まず感情ですが、これは一般的に使われている感情という言葉をそのまま想定していただいて構いません。根源的なものとしては、喜び、怒り、悲しみなど、より高次な感情としては、嫉妬、自尊な

説得の3層構造 No.48

図表48-1 説得の3層構造

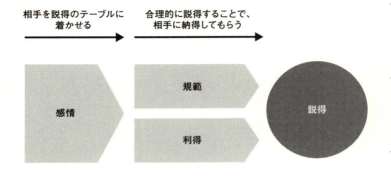

どがあります。感情については、次項でもう少し詳細に触れます。

次に規範ですが、これは「△△たるもの、○○すべきだ」「□□することが、日本のためになる」といった、単なる利害関係を超えた価値観や美意識のことです。

最後の利得は損益勘定です。金銭的な利得はもちろん、昇進や知名度向上といった、最終的には金銭に換算できる損得を指します。

図表48-1に示したように、感情は、まずは説得やネゴシエーションをニュートラルな状態で始める上での土台であり、その後に論理的な説得のプロセスが来るのです（なお、3つのレバーの関係を、感情 ⇒ 規範 ⇒ 利得と直線的に並べる場合もありますが、ここでは規範と利得を同じレイヤーに置いています）。

第1ステップの感情では、相手が気分を害さず、「話を聞こう」という気になってもらうことが重要です。過去に自分に非があったら正直に詫びる、あるいは真摯に話を聞くなどして、しっかり土台作りをすることが必要になります。

第2ステップは合理的な説得です。ここでは相手が規範を重視している度合いと、利得を重視している度合いを見極め、相手の「琴線」に触れるようなドライバーを選びます。

　たとえば、知人を、自分が主催する環境関係のセミナーの講師として招こうと説得するシーンを想定しましょう。開催日が休日の上に、予算の関係で、あまり多額の謝礼は出せないものとします。このケースであれば、ちょっとした謝礼（利得）の多寡で交渉するよりも、「（社会的に責任のある人間ならば）社会に対して貢献することが望ましい」といった価値観に訴えかける方が有効でしょう。

事例で確認

　図表48-2は、社長がある古参役員に退任を納得してもらうケースの分析例です。

　まず、感情に関しては、説得のテーブルにつけないほどの悪感情はありません。ただし、若干の不満はあるので、「すまなかった、もっと〇〇さんが活躍されていたことをみんなに伝えるべきだった」など、感情に配慮し、誠意を見せることが必要です。

　その上で、規範面に関しては極めて常識人でもありますので、「会社も若い者にチャンスを与えなければダメになってしまう」「より強く求められる場所で活躍するのがこれからの時代の生き方だろう」などと説得すると納得してくれる可能性が高そうです。ただし、金銭については若干の不安があるので、退職金や一次功労金を上乗せする、あるいは役員は退いてもらうものの、顧問として一定の仕事は与えるなどの代替案を提示するとよさそうです。

　間違っても最初からお金の話を「それで、いくら欲しいの？」などと切り出してはいけません。感情を害してしまい、まとまる話もまとまりにくくなってしまうからです。

説得の3層構造 No.48

図表48-2 説得の3層構造の分析例

感情

取り乱していたり、悪感情を持っているわけではない。
過去に「この会社のために貢献した」という自負心がある。
承認欲求が必ずしも満たされていないことに若干の不満がある。

規範

正論は受け容れ易く、これまでの古参役員の退任騒動を見てきたことからも、役員にしがみつくのは潔くないと考えている。

利得

お金に汚いタイプではないが、子どもの教育費と住宅ローンがあり、瞬間的にはお金に関する心配が大きい。

コツ・留意点

1 説得の3層構造の分析は、身近な人間については比較的実施しやすいのですが、普段接触頻度が低い人については正確な分析は難しいものです。そうした場合の1つのやり方は、まずは多方面から情報を収集し、彼／彼女の説得のドライバーに関するイメージを持っておくことです。これを行うだけで、ずいぶん説得やネゴシエーションの効率は上がります。もしそのような情報収集を行う時間的余裕がない場合などは、直接的な対話を通してこれを探ることになります。感情を害してしまうと先に進めませんので、丁寧に（あまりにへりくだる必要まではありませんが）、かつ誠実に話をしていくのが「地雷」を踏まない上での基本的配慮となります。

2 3つのレバーのうち、感情は右脳的、利得は左脳的、規範は右脳と左脳の中間くらいとなります。言い方を変えると、人を説得したり効果的なネゴシエーションを行うためには、右脳的思考と左脳的思考を総動員する必要があるということです。自分がどちらかに偏っていると自覚されている方は、弱い方を鍛える努力を何らかの形で行いたいものです。

233

49 5つの核心的欲求

説得やネゴシエーションの場面などで人間の感情に大きく影響を与える5つの要素について分析するもの。ロジャー・フィッシャーとダニエル・シャピロが提唱した。

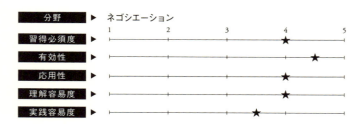

基礎を学ぶ

活用すべき場面
- 他人を説得する際に活用する
- 自分の感情を把握することで、ネゴシエーションなどがうまくいくきっかけを掴む

考え方

前項でも触れたように、説得やネゴシエーションの場面では、感情に配慮することが非常に重要な意味を持ちます。どんな人間でも、口にこそ出さないものの、最も大切かつ最も正しいのは自分であり、他人は自分をそのように扱う義務があると考えているものです。

実際、人が怒りを覚え、合理的な判断ができなくなる原因は、突き詰めれば「自分の存在が無視された、あるいは軽んじられた」「不当に扱われた」「メンツを潰された」「自分の立場、存在意義を分かっていない」などに集約されるものです。

5つの核心的欲求 No.49

図表49-1 5つの核心的欲求

核心的な欲求	無視されている場合	満たされている場合
価値理解 Appreciation	自分の考え方、思い、行動に価値がないとされる	自分の考え方、思い、行動に良い点があると認められる
つながり Affiliation	敵として扱われ、距離を置かれる	仲間として扱われる
自律性 Autonomy	意思決定をする自由が侵害されている	相手が自分の意思決定の自由を尊重してくれる
ステータス Status	自分の置かれた位置が、他者の置かれた位置よりも劣っているような扱いを受ける	自分の置かれた位置が、それにふさわしいものとして認められる
役割 Role	自分の現在の役割とその活動内容が個人的に満足できるものではない	自分の役割とその活動内容を、満足できるものに定義している

出典：『新ハーバード流交渉術　感情をポジティブに活用する』（ロジャー・フィッシャー＆ダニエル・シャピロ著、印南一路訳　講談社）

　つまり、本来自分が受けるべき（と考えている）扱いを受けられなかったことで自尊心を傷つけられ、感情を害し、合理的な利害を度外視してしまうのです。こうした事態は、内容そのもの（What）に関してもさることながら、どのように扱われたか（How／When／Where／Who）に関して起こることが多いものです。

　こうした状況になると、本来話し合いの焦点となるべき内容そのもの（What）の妥当性などはどこかに吹き飛んでしまいます。個別案件について多少の合理的利得を得るよりも、自尊心を維持することの方が大きな価値を持つと感じるようになるからです。大人げない話ではあるのですが、こうしたことがボトルネックとなるのがビジネス社会の現実なのです。

　ネゴシエーションの分野で著名なロジャー・フィッシャーらは、人間のこうした感情に影響を与える5つの核心的欲求を提唱しています（**図表49-1**）。

　これらの欲求が満たされていないと、人は心理的な不満を鬱積さ

せ、説得になかなか応じようとしない、あるいは合理的な説得そのものに対して嫌悪感を持つようになってしまうのです。

　フィッシャーらは、これらの核心的要求が「満たされている」かどうかの基準として以下の3つの判断軸を示しています。

- 公平に満たされているか：自分の扱いが、似たような状況にある自分に近い者と同様だと感じられるか
- 正直に満たされているか：自分に伝えられていることが真実だと信じられるか
- 現在の状況に合う形で満たされているか：杓子定規な規範次第ではない「今この状況」に沿ったものになっているか

上記の分析がしっかりできれば、ネガティブに振れている相手の感情をなだめていくための対応のヒントを得ることができるのです。

事例で確認

　図表49-2は部下とのMBO（目標管理）ミーティングに臨もうとする上司が、部下の感情について分析したものです。

　ステータスと役割、特に役割に関して強い不満を抱いており、感情的なしこりとなっていることが分かります。このままでは、合理的に何かをお願いしようとしても心の底から納得するということは難しいでしょう（上司－部下という関係なので、立場的に強制もできますが、それは長い目で見て得策ではありません）。

　昇進や昇格については上司の一存で決められるわけではありませんが、せめてアサインメントを多少変えることで、彼／彼女の感情に配慮することが有効そうです。

　また、現状は問題のない価値理解やつながりについても、よりプラスの方向に動くような働きかけをすると（例：良き仲間であることを強調する）、全体としての不満が緩和される可能性が高まります。

5つの核心的欲求 No.49

図表49-2 5つの核心的欲求の分析例

	公平	正直	現状に合う
価値理解	問題なし	問題なし	問題なし
つながり	問題なし	問題なし	問題なし
自律性	不満	問題なし	問題なし
ステータス	不満	問題なし	不満
役割	大いに不満	やや不満	大いに不満

コツ・留意点

1 5つの核心的欲求は、本文中に示したほどにはクリアに切り分けて分析できるわけではありません。たとえば自律性とステータス、役割などは重なり合い、渾然一体となっている部分も多いものです。ただし、分析の目的は、相手の感情への配慮方法のヒントを得ることですから、精緻な分析そのものが目的ではないことは再確認しておくことが必要です。また、5つ以外にも重要な欲求があると思えば、工夫して適宜活用してみてもいいでしょう。

2 感情というレバーを説得のメインのレバーとすることも、状況によっては可能です。たとえば銀行の融資担当者に向かって、「いまここで資金を引きあげられたら皆が路頭に迷ってしまいます！」などと相手の憐憫の心に訴えるなどです。ただし、これはプライベート（特に男女関係や家族関係）などではともかく、ビジネスシーンで多用することは、論理的な説得の力を削いでしまうことになりかねません。絶対にダメというわけではありませんが、基本は感情というレバーは「土台作り」のためのものとし、最終手段として使うのは控えめにしておく方がよいでしょう。

50 ステークホルダー・マッピング

ネゴシエーションに臨む際に、重要な利害関係者(ステークホルダー)をリストアップし、その特性や関係性などを一覧する方法。

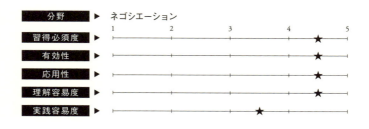

基礎を学ぶ

活用すべき場面
- 交渉をスムーズに開始するきっかけを発見する
- 特に関係者が多い交渉において、交渉を妥結に持ち込むためのヒントを得る

考え方

ステークホルダー・マッピングは、広義には自社や自分を取り囲む重要な利害関係者(ステークホルダー)をリストアップし、自分のとるべき行動の指針のヒントとするものですが、本項では、やや狭義に、ネゴシエーションにおけるステークホルダー・マッピングについて解説していきます。

これは、交渉がどのような関係性の中で成り立っているかを図式化することで、実際の交渉に臨む際の参考にしようとするものです。交渉にあたって最低限必要な情報を整理し、利害関係を視覚的にとらえ落とし所を探り易いような形でまとめるのがよいとされて

ステークホルダー・マッピング No.50

図表50-1 ステークホルダー・マッピング

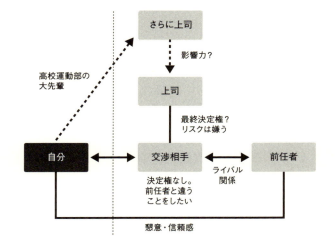

います。

　ステークホルダー・マッピングの一例として、「ソシオグラム」（社会相関図）があります。不動産業界では、有能なディベロッパーなどは、地元折衝を行う際、住人の職歴、学歴、趣味、地縁血縁、利害関係、関心事（金銭、環境、移転先等）などを一覧できる巨大マップを作ることから仕事を始めると言われています。

　図表50-1は、自分（営業担当者）が自社サービスを顧客に売り込む際のマッピング例です。前任者とは非常に良好な関係を築けていたのですが、その後任のカウンターパートとなる相手が、社内的にはその前任者とライバル関係にあり、前任者とは違うことをやりたがっているようです。当然、ベンダーの入れ替えなども検討に入れる可能性があります。通常の取引であれば、信頼関係を築けている前任者からの推薦は、新しい取引開始の大きな武器になるものですが、このケースでは、なまじ前任者に積極的に動いてもらうと藪蛇になりかねません。

幸い、決定権のありそうな直属の上司はリスクを嫌う性格のようですので、直接彼／彼女にアプローチしないまでも、「（上司の）○○さんはあまり変化は好まれないようですね」などと強調すると、交渉を有利に運べるかもしれません。

もう1つ武器になりそうなのは、交渉相手の2つ上の上司が高校の運動部の大先輩ということです。面識があればしめたものですし、面識がないまでも、自然な形で接点を持つことができれば、交渉にはプラスに働きそうです。

この図はかなりシンプルなものですが、込み入った交渉になるほど、こうしたマップは役に立つことが多いのです。

事例で確認

図表50-2は自宅兼用の事業所で事業を営む土地所有者に対して、土地を売ってほしいと交渉する場面をマッピングしたものです。

肝心の土地所有者は交渉相手としてはやや難儀しそうですが、配偶者は現在の住居には不満で、自社の味方になってくれる可能性があります。一方、同居中の両親は現住所に満足しています。

どこから攻めるのがいいかを判断するにはより詳細な情報が欲しいところですが、現段階の候補としては、①配偶者をうまく取り込む、②両親が納得するような住居を紹介する、③銀行に仲介に入ってもらう、④もしかつてのクライアントである交渉相手の親友が自社のサービスに満足しているなら、彼／彼女に自社を薦めてもらう、などがあることが分かります。

なおステークホルダー・マッピングでは、自分に有利になるステークホルダーを能動的に「作り出す」ことも重要です。この例であれば、土地所有者が頭が上がりにくい人物、たとえば前職時代や現在、あるいは学生時代の恩人などを発見し、彼らに働きかけることで、交渉を有利に進められるかもしれないのです。

ステークホルダー・マッピング　No.50

図表50-2　ステークホルダー・マッピングの例

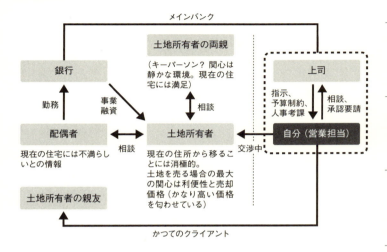

コツ・留意点

1 ステークホルダー・マッピングは、とりあげた関係者について、そのすべてを完全に把握しようとするのは難しいものです。また、関係者が多くなってしまったら、すべてを覚えて交渉現場で活用することはなかなか難しいですし、交渉を進める上でも必ずしも効率的とは言えません。このような場合は、まず分かる範囲で図式化し、必要と思われる部分を充実させていくようにする方が効率的です。もちろん、交渉をしていく中で、新たなキーパーソンが浮上してきたら、マップに追加することが必要となります。

2 売買交渉の場合のマッピングに当たっては、75ページでも紹介したように、DMUとなりうる関係者のKBF (もしくはKey Selling Factors: 重要売却要因) を掴むことが非常に重要となります。一般に、複数の関係者が絡むような売買交渉では、すべての関係者のKBFが一致することは滅多にありません。誰が特に重要なDMUであり、その関心は何なのかを早期に把握することが、交渉を早期に決着させる鍵となります。スピードがビジネスの重要な競争要因となる昨今、この点は強く意識しておきたいものです。

分析のための フレームワーク 12選

　この補遺では、『グロービス MBA キーワード 図解 基本フレームワーク 50』との重複から、項目としては割愛したものの、本書の内容とも関係が深く、かつビジネスリーダーとしては知っておくべき分析ツール、フレームワークを12個ご紹介しています。

　12個のうち8つは経営戦略（その多くは経営環境分析関連）、2つがマーケティング、1つが組織マネジメント、1つがネゴシエーションに関連するものとなっています。本書の該当パートとあわせてその意義や効果、特徴を確認してください。

1 PEST分析

企業経営の前提となるマクロ環境を分析するフレームワーク。PESTは、「Politics（政治）」「Economy（経済）」「Society（社会）」「Technology（技術）」の頭文字。経営環境分析手法の1つ。

PEST分析は、通常、自社が影響を与えにくい世の中のマクロ環境を分析するものです。もちろん、時には1つの企業の動向がマクロ環境、特に技術環境などに影響を与えることもありますが、通常は、一企業の活動がマクロ環境に与える影響は軽微であり、ほぼ与えられた（Givenの）環境とみなすことができます。

PEST分析では、自社のビジネスに与える影響の大きな部分を特に意識して分析します。マクロ環境はあまりに多岐膨大にわたるため、すべてを網羅しようとしても不可能ですし、費用対効果が見合わないからです。

図表補1 PEST分析

2 5つの力分析

業界の収益性に影響を与える要因を分析し、その業界が収益を上げやすいか上げにくいかを分析するフレームワーク。マイケル・ポーター教授が提唱。経営環境分析手法の一つ。

　5つの力とは具体的には、①業界内の競争、②新規参入の脅威、③代替品の脅威、④売り手の交渉力、⑤買い手の交渉力です。これらの強さをトータルで分析することで、ある業界が収益を上げやすいかどうかが分かります。5つの力のそれぞれは、「業界の利益を削いでいく力」と見なすことができ、これが多く強いほど、業界に利益は貯まりにくいという発想です。

　なお、セグメントを細かく分けたり、逆に業界を広く定義したりすると分析結果は変わるので注意が必要です。適切な業界の設定が非常に重要です。

図表補2　5つの力分析

出典：M.E.ポーター著『競争の戦略』（ダイヤモンド社）より編集

3 アドバンテージ・マトリクス

事業の特性を、「競争上の戦略変数の数」と「競争優位性構築の可能性」の2つの評価軸から見極めるフレームワーク。BCGが提唱した。経営環境分析手法の1つと考えることもできる。

　アドバンテージ・マトリクスでは、図表補3に示したように、4つの事業タイプを考えます。戦略変数が少ないということは競争の手段が少ないことを意味し、勝ち負けが単純に決まりやすいと言えます。

　競争優位性構築の可能性が高いということは、競合に対して優位性を決定する明確な要因があるということです。特に事業の規模の大きさはそうした要因となりやすく、アドバンテージ・マトリクスでも、規模とそれにともなうコスト競争力を強く意識しています。事業経済性やKSFと強く関連するフレームワークと言えます。

図表補3　アドバンテージ・マトリクス

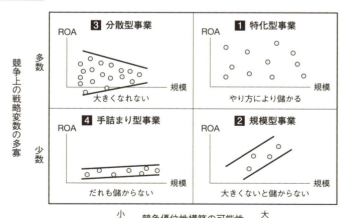

出典：D.A.アーカー著『戦略市場経営』（ダイヤモンド社）に加筆修正

4 3C分析

外部環境の市場と競合の分析からKSFに関するヒントを得、自社の状況と照らしながら自社の戦略に活かすフレームワーク。マーケティング戦略の立案にも有効。3Cは、「市場・顧客(Customer)」「競合(Competitor)」「自社(Company)」の頭文字。経営環境分析手法の一つ。

3C分析でそれぞれ着目するポイントは**図表補4**の通りです。

市場・顧客分析では、「市場」というマクロな視点と、「顧客」というミクロな視点を併せ持つことが必要です。特にBtoBビジネスでは、顧客は固有名詞単位で検討する場合もあります。

競合分析はすべての競合に対して満遍なく行うのは難しいため、詳細な分析は、経営の意思決定上、重要な競合に絞るのが一般的です。

自社分析は、バリューチェーン分析とリソース分析が特に重要となります。競合分析と自社分析とを合わせて彼我分析を行うことも有効です。

図表補4 3C分析

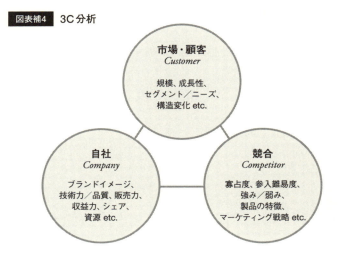

5 SWOT分析

自社の外部環境と内部環境を、好ましい側面と好ましくない側面から整理すること。SWOTは、「Strengths（強み）」、「Weaknesses（弱み）」、「Opportunities（機会）」「Threats（脅威）」の頭文字。経営環境分析を一気に網羅的に行う手法と言える。

SWOTは、図表補5に示したように、「内部×外部」と「ポジティブ（好ましい傾向）×ネガティブ（好ましくない傾向）」という2つの軸のマトリクスとして整理することができます。

外部要因に入る要素としては、マクロ環境や業界環境、市場・顧客や競合の環境などが主なものです。一方内部要因に関しては、「ヒト・モノ・カネ」といったリソースやバリューチェーンで見たときの自社の特徴が当てはまります。

SWOT分析はやや大雑把な分析ではありますが、プラスの側面とマイナスの側面の両方に目を配るという発想そのものが重要です。

図表補5 SWOT分析

	ポジティブ	ネガティブ
内部要因	Strengths （強み）	Weaknesses （弱み）
外部要因	Opportunities （機会）	Threats （脅威）

6 バリューチェーン分析

事業活動を機能ごとに分類し、どの部分（機能）で付加価値が生み出されているか（コストや手間暇をかけて独自性を作っているか）を分析するフレームワーク。マイケル・ポーター教授が提唱。経営環境分析の自社分析の重要分析手法。

　ポーター教授は「モノの流れ」に着目して企業の活動を５つの主活動と４つの支援活動に分け、それにマージン（利益）を加えて全体の付加価値構造を表しました。

　ただし、ポーター教授のこのオリジナルの切り方は、業界によっては使い勝手が必ずしもよくはありません。そこで、経営企画などの実務では、業界の特徴に合わせて主活動のみにフォーカスして４から６つくらいの活動に切り分けるのが一般的です。

　バリューチェーン分析では、定性的な特徴に関する分析に加え、実際にかかっているコストなどを定量的に見極めることが重要です。

図表補6　バリューチェーン

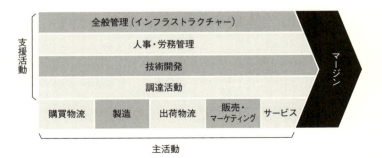

出典：M.E. ポーター著『競争優位の戦略』（ダイヤモンド社）

7 ビジネスモデル

「ビジネスの仕組み」を、「CVP（顧客価値提案）」「経営資源」「業務プロセス」「利益方程式」の観点から見極めるもの。クレイトン・クリステンセン教授らが提唱。

ビジネスモデルはさまざまな定義がある言葉ですが、端的に表現すれば、「誰に何をどのように提供するか」ということに「儲ける方法論」を加味したビジネスの仕組みということができます。それを別の角度からブレークダウンしたのが**図表補7**のフレームワークです。

なお、このフレームワークは基本的にある1つの事業について見るものですが、多角化企業においては、複数のビジネスを組み合わせたポートフォリオとしての（次元が1つ上の）ビジネスモデルという観点も重要です。

図表補7 ビジネスモデル

```
            顧客価値提案          ・ターゲット顧客
              （CVP）            ・顧客の抱えている課題／
                                  ニーズ
                                 ・提供する価値


  主要        主要
 経営資源    業務プロセス         利益方程式


 ・バリューチェーン          ・収益モデル
 ・プロセス                 ・コスト構造
 ・ルールと評価基準          ・利益率モデル
                          ・資源回転率
```

参考：マーク・ジョンソン著『ホワイトスペース戦略』（CCCメディアハウス）
「ビジネスモデル・イノベーションの原則」ダイヤモンド・ハーバード・ビジネス・レビュー2009年4月号

8 プロダクト・ポートフォリオ・マネジメント

社内の事業を市場成長率と相対シェアの2軸でマトリクス上にプロットし、自社の事業ポートフォリオの特徴を理解する分析。BCGが開発。事業ポートフォリオ分析の1つ。

この分析では、①成長性の高い事業は多くの資金を必要とする、②市場シェアの高い企業の方が、規模の効果や習熟曲線が効いて高収益を上げ、資金を生み出すことができる、という前提のもと、市場成長率と相対シェアの2軸で事業を4つのセルに類別します。

その上で、キャッシュが豊富な事業(金のなる木)から、成長性はあるもののシェア的に苦戦している事業(問題児)に資金を振り向け、シェア向上を目指すというのが基本セオリーです。

多くの問題点も指摘されていますが、事業ポートフォリオ分析の先駆けとして非常に有名な分析手法です。

図表補8 プロダクト・ポートフォリオ・マネジメント

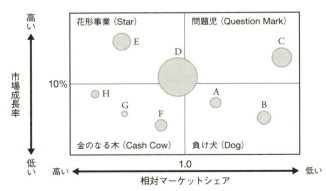

【市場成長率】：今後3～5年後の年平均成長率
【相対マーケットシェア】：トップ企業のシェアを基準とした比率
【円の大きさ】：売上げの大きさを表す

9 マーケティング・ミックス

企業がターゲット市場において目的を達成するために活用する、コントロール可能な施策の組み合わせ。通常は、マーケティングの活動要素である 4P を指す。

マーケティング・ミックスでは以下のようなことを考えます。

Product（製品）：①コアの価値／中間的な価値／付随的な価値、②製品ラインの広さ／カニバリ度合い、③ブランド

Price（価格）：①定価／値下げ方針、②他製品とのバランス

Place（チャネル）：チャネルの長さ／幅／役割分担／具体的パートナー／動機づけ

Promotion（コミュニケーション）：①伝える内容、②伝える媒体

4P の各々が整合していることに加え、ターゲットやポジショニングとも整合していることが重要です。

図表補9　マーケティング・ミックス (4P) の視覚イメージ

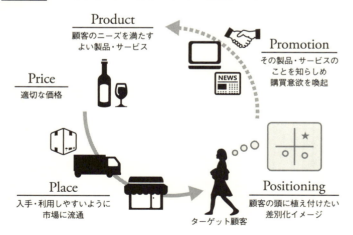

10 AIDA

消費者の購買決定プロセスを説明するモデルの1つ。認知（Attention）、興味（Interest）、欲求（Desire）、購買行動（Action）の略。ファネル分析の典型例とも言える。

仮にその商品のことを知っている人がほとんどいないにもかかわらず、店頭で販売員に積極的に売ってもらうよう働き掛けてもらおうとしても効果は薄いでしょう。

そこで、実際のコミュニケーション戦略の実行に当たっては、**図表補10**に示したようなAIDAモデルを用い、その状況に見合ったコミュニケーション施策をとるようにするのです（DとAの間にM：Memoryを入れてAIDMAモデルとすることもあります）。

AIDAはプロセス型のフレームワークであり、ボトルネックを作ることなく、プロセスをスムーズに流すことが主眼となります。

図表補10 AIDAモデルとコミュニケーション目標

AIDAモデルとコミュニケーション目標

顧客の態度(Behavior)	顧客の把握	コミュニケーション目標
認知(Attention)	知らない	認識度向上
	認知しているが想起できない	再生知名度アップ
興味(Interest)	興味がない	商品に対する評価育成
欲求(Desire)	欲しいとは思っていない	ニーズ喚起
行動(Action)	買おうか買うまいか迷っている	購入意欲喚起

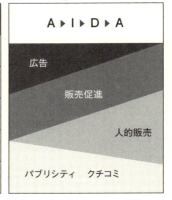

AIDAモデル段階別コミュニケーション手段の有効性

11 7S

組織のいくつかの要素の相互関係をあらわしたもので、組織分析に用いられるフレームワーク。頭文字がSで始まる7つの要素の特徴やバランスを見る。

7S分析では、以下の7つの要素について、個々の状況を知るとともに、それぞれが整合しているかを見ます。

Strategy（戦略）：競争に勝ち、業績を上げるための方向性
Structure（組織構造）：組織の区切り方などの組織図上の特徴
System（経営システム）：人事、管理会計、会議体などの仕組み
Shared Value（共通の価値観・理念）：組織に根付いた価値観
Style（組織文化）：企業で受け入れられやすい考え方、行動
Staff（人材）：従業員の特性
Skill（組織スキル）：組織として持つ能力

図表補11 7S

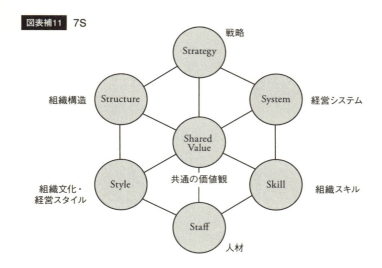

12 BATNA と ZOPA

交渉を利得の側面に絞った時、妥結範囲が ZOPA（Zone of Possible Agreement）であり、それを規定するのが BATNA（Best Alternative to Negotiated Agreement: 最も望ましい他の選択肢）という関係にある。

BATNA と ZOPA はネゴシエーションの基本コンセプトであり、これをなるべく正確に把握、推定することが、良い妥結点に至る必要条件となります。

やや分かりにくいのは BATNA の方ですが、これは「交渉相手との交渉以外に存在する最善の代替オプション」を指します。

なお、**図表補12** は争点が1つの例ですが、実際にはありとあらゆる争点を俎上に載せて、「自分にとっては価値がないけれど、相手にとっては価値があること」を交換していきます。これを繰り返すと、単一の争点では ZOPA が存在しないようなケースでも、ZOPA の創出が可能となり、Win-Win の妥結点が生まれるのです。

図表補12 BATNA と ZOPA

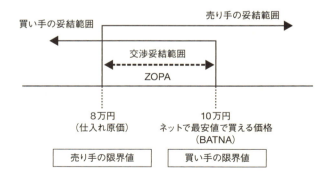

おわりに

50個の分析ツールを読み終えられてどのような感想を抱かれたでしょうか。「理屈はそれなりに分かったけど、実際に使いこなすのは難しそう」と感じられた方が多かったのではないでしょうか。

しかし、それは普通の反応であり、心配される必要は全くありません。50個もの分析ツールを最初からすべて使いこなせる人などは絶対いませんし、そもそも必要とされることもないでしょう。

まずは、実務で「この分析ツールが使えそう」と思うものからどんどん使っていただければと思います。分析ツールは使っていくうちに使い方の勘所が分かり、どんどん有益な示唆が出せるようになるものだからです。本書を読んで勉強した気になって終わるのではなく、辞書的に用いていただき、実務でしっかり使っていただくことを皆さんにはお願いしたいと思います。そうした一歩一歩の積み重ねが大きな武器になっていきます。

分析なしの経営は、羅針盤も GPS もなく大洋を航海するようなものです。これでは遭難するのも当然です。そうならないためにも、ぜひ多くの方が優れた分析者としてのスキル（あるいは分析結果を適切に評価できるスキル）を高めていただければと思います。

分析に関する意義や注意事項は「はじめに」でも書きましたのでここで改めて触れることはしません。ただ、分析とはクリエイティビティが必要なものであるということだけは再度触れておきたいと思います。ぜひクリエイティビティも総動員して、「自分ならでは」の分析ができるよう意識を高めてください。

本書を執筆したきっかけは、ダイヤモンド社の編集部の方々と話をする中で、「分析ツール」についてまとめた本があると嬉しいよね、という案が出たことです。

　筆者自身もかつて分析は嫌というほどしましたし、それをある程度マスターすることの価値はわかっているつもりですので、その案に非常に共感を覚えました。さまざまな分析ツールをコンパクトな形で、使いやすいように説明したいというのが本書を書き始めたきっかけです。

　内容に関しては、なるべく経営大学院の基礎科目全般にわたって網羅するとともに、読みやすさには拘ったつもりです。

　さて、本書は正しく使えば必ずビジネスのお役にたつはずですが、ビジネスは奥行きの深い世界です。さらに体系的に学習されたい方は、本書の姉妹編でもあります『グロービス MBA キーワード 図解 基本フレームワーク 50』と『グロービス MBA キーワード 図解 ビジネスの基礎知識 50』を読まれることをお勧めします。

　特に前者のフレームワークにつきましては、フレームワーク≒分析ツールという側面もあるため、相互補完的に読んでいただければ威力も倍以上になりますので、強く推薦いたします。

　また、ビジネス全般について学習されたい方は、同じくダイヤモンド社より発行されている「グロービス MBA シリーズ」の書籍を読まれることをお勧めします。20 年にわたるベストセラーシリーズであり、日本のビジネス教科書の代名詞でもあります。

　さらに学習を進められたい方は、実際に経営大学院で学ぶのもい

いでしょう。世界のビジネスリーダーが経営大学院でMBAを取得している昨今、その価値はますます向上しています。

　我々グロービスでは、通学あるいはオンラインでの経営大学院のみならず、アラカルト方式のクラスや、動画やオンラインのコンテンツ、あるいはグロービス知見録（www.globis.jp）といった学びのWEBサイトやアプリも用意しています。ぜひそうした学びの機会も積極的に活用いただければと思います。

　最後になりますが、多くの人が本書を手に取られ、ビジネスリーダーへの飛躍の一助にしていただけることを切に願っています。

グロービス出版局長　嶋田毅

参考文献

全般

グロービス『グロービス MBA キーワード　図解 基本フレームワーク 50』ダイヤモンド社、2015年

グロービス『グロービス MBA キーワード　図解 ビジネスの基礎知識 50』ダイヤモンド社、2016年

グロービス経営大学院『グロービス MBA マネジメント・ブック改定 3 版』ダイヤモンド社、2008年

1章

グロービス経営大学院『グロービス MBA クリティカル・シンキング改定 3 版』ダイヤモンド社、2012年

齋藤嘉則『新版 問題解決プロフェッショナル―思考と技術』ダイヤモンド社、2010年

ドネラ・H・メドウズ『世界はシステムで動く―いま起きていることの本質をつかむ考え方』英治出版、2015年

2章

グロービス・マネジメント・インスティテュート『MBA 定量分析と意思決定』ダイヤモンド社、2003年

グロービス『ビジネス数字力を鍛える』ダイヤモンド社、2008年

村上知也、矢本成恒『ビジネスで本当に使える 超 統計学』秀和システム、2014年

篭屋邦夫『意思決定の理論と技法　未来の可能性を最大化する』ダイヤモンド社、1997年

3章

グロービス・マネジメント・インスティテュート『MBA 経営戦略』ダイヤモ

ンド社、1999年

グロービス経営大学院『グロービスMBA事業戦略』ダイヤモンド社、2013年

グロービス『KSFとは』グロービス電子出版、2014年

J・B・バーニー『企業戦略論【上】【中】【下】』ダイヤモンド社、2003年

伊丹敬之、軽部大『見えざる資産の戦略と論理』日本経済新聞社、2004年

ケース「シマノの成長戦略（A）（B）（C）」グロービス、2006年

キース ヴァン・デル・ハイデン『シナリオ・プランニング「戦略的思考と意思決定」』、ダイヤモンド社、1998年

ミコワイ・ヤン・ピスコロスキ『ハーバード流ソーシャルメディア・プラットフォーム戦略』朝日新聞出版、2014年

4章

グロービス経営大学院『グロービスMBAマーケティング改定3版』ダイヤモンド社、2009年

グロービス経営大学院『グロービスMBAマネジメント・ブックⅡ』ダイヤモンド社、2015年

ベイン・アンド・カンパニー／ロブ・マーキー「中国のアップルストア：彼らが偽造できないもの」DHBR.net 2013.10.18

グロービス『ストーリーで学ぶマーケティング戦略の基本』ダイヤモンド社、2013年

田中弦、佐藤康夫、杉原剛、有園雄一『アトリビューション 広告効果の考え方を根底から覆す新手法』インプレス、2012年

長谷川智史『アトリビューション分析とは―3つの事例と実戦での活用法』http://liskul.com/attribution3case-2591、2014.05.30

金山裕樹、梶谷健人『いちばんやさしいグロースハックの教本 人気講師が教える急成長マーケティング戦略』インプレス、2016年

峰如之介『なぜ、伊右衛門は売れたのか』日経ビジネス人文庫、2009年

5章

E.M. ゴールドラッド『ザ・ゴール』ダイヤモンド社、2001年

グロービス『［実況］アカウンティング教室』PHP研究所、2013年

6章

グロービス経営大学院『グロービス MBA アカウンティング改定 3 版』ダイヤモンド社、2008年

グロービス経営大学院『新版グロービス MBA ファイナンス』ダイヤモンド社、2009年

ロバート・サイモンズ著『戦略評価の経営学』ダイヤモンド社、2003年

笹川利哉「マルチプル法の使い方　DCF 法との比較で考える」グロービス・マネジメント・レビュー、2003年夏号

マッキンゼー・アンド・カンパニー、ティム・コラー、マーク・フーカート、デイビッド・ウエッセルズ『企業価値評価　第 5 版【上】【下】』ダイヤモンド社、2012年

7章

グロービス経営大学院『新版グロービス MBA リーダーシップ』ダイヤモンド社、2014年

ラム・チャラン、ステファン・ドロッター、ジェームス・ノエル『リーダーを育てる会社　つぶす会社』英治出版、2004年

ロバート・ケリー『指導力革命』プレジデント社、1983年

8章

グロービス・マネジメント・インスティテュート『MBA ゲーム理論』ダイヤモンド社、1999年

グロービス『グロービス MBA で教えている　交渉術の基本』ダイヤモンド社、2016年

ロジャー・フィッシャー、ウィリアム・ユーリー、ブルース・パットン『新版ハーバード流交渉術』TBS ブリタニカ、1998年

ロジャー・フィッシャー、ダニエル・シャピロ『新ハーバード流交渉術—感情をポジティブに活用する』講談社、2006年

著者略歴

グロービス

1992年の設立来、「経営に関する『ヒト』『カネ』『チエ』の生態系を創り、
社会の創造と変革を行う」ことをビジョンに掲げ、各種事業を展開している。

グロービスには以下の事業がある。(http://www.globis.co.jp/)
- ●グロービス経営大学院
  - ・日本語（東京・大阪・名古屋・仙台・福岡・オンライン）
  - ・英語（東京、オンライン）
- ●グロービス・マネジメント・スクール
- ●グロービス・コーポレート・エデュケーション
  （法人向け人材育成サービス／日本・上海・シンガポール・タイ）
- ●グロービス・キャピタル・パートナーズ（ベンチャーキャピタル事業）
- ●グロービス出版（出版／電子出版事業）
- ●「GLOBIS 知見録」（ビジネスを面白くするナレッジライブラリ）

その他の事業：
- ●一般社団法人 G1（カンファレンス運営）
- ●一般財団法人 KIBOW（震災復興支援活動）

執筆者

嶋田 毅 （しまだ・つよし）

　グロービス電子出版編集長兼発行人、グロービス出版局長、GLOBIS 知見録編集
顧問、グロービス経営大学院教授。

　東京大学理学部卒業、同大学院理学系研究科修士課程修了。戦略系コンサルティ
ングファーム、外資系メーカーを経てグロービスに入社。累計150万部を超えるベ
ストセラー「グロービス MBA シリーズ」のプロデューサーも務める。著書に『グ
ロービス MBA キーワード　図解 基本フレームワーク50』『グロービス MBA キー
ワード　図解 ビジネスの基礎知識50』『ビジネス仮説力の磨き方』『グロービス MBA
ビジネス・ライティング』（以上ダイヤモンド社）、『競争優位としての経営理念』
『［実況］ロジカルシンキング教室』『［実況］アカウンティング教室』（以上 PHP 研究
所）、『利益思考』（東洋経済新報社）、『ロジカルシンキングの落とし穴』『バイアス』
『KSF とは』（以上グロービス電子出版）、共著書に『グロービス MBA マネジメント・
ブック』『グロービス MBA マネジメント・ブック II』『グロービス MBA アカウンティ
ング』『グロービス MBA マーケティング』『グロービス MBA クリティカル・シンキン
グ』『グロービス MBA クリティカル・シンキング コミュニケーション編』『MBA 定量
分析と意思決定』『グロービス MBA 組織と人材マネジメント』『グロービス MBA ビ
ジネスプラン』『ストーリーで学ぶマーケティング戦略の基本』（以上ダイヤモンド
社）、『ケースで学ぶ起業戦略』『ベンチャー経営革命』（以上日経 BP 社）など。その
他にも多数の共著書、共訳書がある。

　グロービス経営大学院や企業研修において経営戦略、マーケティング、ビジネス
プラン、管理会計、自社課題などの講師を務める。グロービスのナレッジライブラ
リ「GLOBIS 知見録」に定期的にコラムを連載するとともに講演なども行っている。

グロービスMBAキーワード

図解　基本ビジネス分析ツール50

2016年6月30日　第1刷発行

著　者——グロービス
発行所——ダイヤモンド社
　　　　　〒150-8409　東京都渋谷区神宮前6-12-17
　　　　　http://www.diamond.co.jp/
　　　　　電話／03・5778・7232（編集）　03・5778・7240（販売）
装丁————デザインワークショップジン
本文デザイン—岸 和泉
製作進行——ダイヤモンド・グラフィック社
印刷————慶昌堂印刷
製本————本間製本
編集担当——山下 覚

©2016　グロービス
ISBN 978-4-478-06909-7
落丁・乱丁本はお手数ですが小社営業局宛にお送りください。送料小社負担にてお取替えいたします。但し、古書店で購入されたものについてはお取替えできません。
無断転載・複製を禁ず
Printed in Japan